LA MUTUALITÉ FRANÇAISE

LE PROJET DE LOI

CONTRE LES

SOCIÉTÉS DE SECOURS MUTUELS

LE 5e CONGRÈS NATIONAL

Congrès Mutualiste de Saint-Etienne

Texte (comparé et commenté) des divers projets de loi

PAR

M. H. VERMONT

AVOCAT A LA COUR D'APPEL DE ROUEN

PRIX : **1** franc **50**

PARIS

ÉDITEURS : GUILLAUMIN et Cie, Rue Richelieu, 14

Extrait de La Revue illustrée du XXᵉ siècle

LA
MUTUALITÉ FRANÇAISE

LE PROJET DE LOI

CONTRE LES

SOCIÉTÉS DE SECOURS MUTUELS

PAR

M. H. VERMONT

AVOCAT A LA COUR D'APPEL DE ROUEN

PRIX : 0 fr. 50

PARIS

IMPRIMERIE MARÉCHAL ET MONTORIER

16, Passage des Petites-Écuries, 16

1895

MUTUALITÉ FRANÇAISE

LE PROJET DE LOI

CONTRE LES

SOCIÉTÉS DE SECOURS MUTUELS

L'utilité des Sociétés de secours mutuels est loin d'être suffisamment comprise dans notre pays; à peine compte-t-on 1,600,000 Mutualistes en France, ils forment en Angleterre le sixième de la population. L'habitude de l'épargne et la générosité du caractère sont pourtant des vertus essentiellement françaises, mais les Anglais possèdent la liberté d'association qu'on nous refuse et tout progrès trouve parmi nous dans la bureaucratie, la défiance et la routine des obstacles souvent invincibles.

Je n'ai jamais entendu critiquer les Sociétés de secours mutuels, que dis-je? on proclame volontiers qu'il n'est pas d'Institution plus nécessaire, plus féconde. En fait, nos sociétés reçoivent plus d'éloges que d'adhésions.

Le Parlement leur prodigue avec une égale facilité les promesses et les déceptions : on devait améliorer notre législation, on l'empire ; augmenter nos avantages, on les diminue ; étendre nos libertés, on nous crée de nouvelles et désastreuses entraves.

J'en suis très étonné.

Les Sociétés de secours mutuels ne sont pas seulement utiles par les bienfaits matériels qu'elles répandent et qui se chiffrent annuellement par 25 millions ; pour les apprécier, il faut les regarder de plus haut.

La France se ruine et je vois avec effroi s'endetter les particuliers, les communes, les départements et l'État.

Nos Sociétés, formées en majorité de participants sans fortune, ont résisté à l'engouement général. Elles maintiennent et propagent ces vertus d'épargne et de prévoyance, qui pour les travailleurs sont tout à la fois si nécessaires et si difficiles ; elles ne se contentent pas d'équilibrer leurs budgets, elles réalisent chaque année des économies de plus en plus considérables et ont ainsi créé un trésor de prévoyance qui dépasse aujourd'hui 200 millions.

Calculez le nombre de petits verres que cela représente; rappelez-vous que nous considérons l'habitude de l'ivresse comme une cause d'exclusion et vous serez amenés à reconnaître que les Sociétés de secours mutuels sont une école de tempérance.

Leur utilité sociale est plus grande encore.

Elles ne se contentent pas d'alléger les charges de l'assistance publique qui nous ruine en même temps qu'elle nous humilie, elles développent l'esprit d'initiative et les sentiments de concorde et de fraternité véritable. A ceux qui fomentent les grèves et qui surexcitent les passions, elles rappellent que c'est l'union et non l'antagonisme du capital et du travail qui produit la richesse. Elles préservent le riche de l'égoïsme et le pauvre de l'envie. Elles sont le terrain neutre où les hommes de cœur se rencontrent, où les vertus grandissent, où les préjugés se dissipent, où ceux que divisaient partout ailleurs la naissance, la fortune ou les opinions apprennent à se mieux connaître et s'aimer en s'unissant pour faire le bien.

Quand on considère les vertus que nos sociétés développent, les bienfaits qu'elles répandent, l'utilité qui en résulte tant pour la nation que pour les particuliers, la Mutualité s'impose à tout esprit impartial comme un des plus grands facteurs de la paix sociale, comme la plus belle et la plus féconde des Institutions démocratiques et philanthropiques du siècle où nous vivons.

Comment se fait-il qu'elle ne soit pas plus répandue ?

Parce que les plantes ne peuvent se passer ni d'air ni de soleil, parce que la Mutualité française a toujours manqué de liberté.

.

Prohibées pendant la période révolutionnaire, presque inconnues sous le premier Empire, les Sociétés de secours mutuels trouvèrent sous la Monarchie des encouragements qui multiplièrent leur nombre et une défiance qui empêcha leur extension et leur prospérité.

Les ouvriers s'occupaient alors presque seuls de Mutualité et d'une manière beaucoup plus sentimentale que raisonnée. L'expérience n'avait pas encore donné ses conseils à leurs tentatives généreuses, mais imprudentes, et la plupart des Sociétés de secours mutuels disparaissaient, faute de ressources, au moment où l'âge avancé de leurs fondateurs les rendaient plus que jamais nécessaires.

La seconde République étudia avec beau-

coup de soin les questions ouvrières et notamment les questions d'assistance préventive.

On ne saurait lire avec trop de soin les
études et les débats parlementaires de cette
époque et notamment le remarquable rapport de M. Benoist d'Azy.

C'est à la suite de ces travaux que parut, en
1852, le fameux décret, rédigé par M. de
Melun, qu'on peut considérer comme la Charte
de la Mutualité française.

Ce décret, complété en ce qui concerne les
retraites, par celui de 1856, eut le grand mérite d'organiser les Sociétés de secours mutuels
d'une manière conforme à leur esprit et à leurs
traditions.

Le but était de combattre la misère causée
par le défaut de santé ; on devait donc prévoir
la vieillesse aussi bien que la maladie et les
accidents.

Le moyen consistait à unir le triple pouvoir
de l'épargne, de la prévoyance et de l'association. La misère menace tout le monde, il fallait donc s'adresser à tous. D'ailleurs, s'il faut
obéir aux lois fiscales, on ne saurait impuné-
ment se soustraire aux grandes lois de la so-
lidarité humaine ; les détenteurs de la fortune
atténuent par leurs impôts les charges de
l'Assistance publique, n'est-il pas naturel qu'ils

fécondent par leurs libéralités les efforts moins coûteux et bien autrement efficaces de l'assistance préventive ?

Enfin, la Mutualité française est sortie du cœur du peuple et de ses besoins ; c'est par lui qu'elle subsiste et pour lui. Il fallait donc mériter la confiance des travailleurs et leur faire dans la Mutualité une place aussi grande que possible, en rendant l'administration de nos sociétés simple, claire, facile, familiale, ce qui devait avoir le grand avantage de la mettre à la portée de tous et de la rendre à la fois très sympathique et très économique.

Les décrets de 1852 et de 1856 eurent le mérite de comprendre et d'appliquer tout ce que je viens d'écrire.

On fit plus. Une dotation de 10 millions facilita la création des pensions de retraite et comme les calculs de probabilités exigent pour être sérieux des bases invariables, comme il fallait que l'argent destiné aux vieillards ne pût pas leur être enlevé, l'Etat offrit d'être le banquier des Sociétés en assurant à celles qui lui confiaient leurs capitaux la fixité d'un intérêt de 4 1/2 pour leurs dépôts ; le taux de capitalisation des pensions fût tantôt de 4 1/2, tantôt de 5 0/0.

J'indique, sans y insister, qu'on nous accorda

un certain nombre de faveurs dont la plus importante fût la dispense de certains droits de timbre et d'enregistrement.

L'État venait en aïde à ceux qui s'aidaient eux-mêmes, et qui, en réalité, allégeaient par leurs économies le fardeau de ses dépenses.

Malheureusement, cette législation avait un côté fâcheux ; la défiance politique avait semé d'entraves et d'obstacles le chemin, un peu étroit mais d'ailleurs parfaitement tracé, dans lequel nous avons marché d'un pas assuré depuis 40 ans.

Un décret du gouvernement de la Défense nationale fit disparaître une de ces entraves en rendant aux Sociétés l'élection de leurs présidents ; il en reste beaucoup d'autres, et si la bienveillance administrative les atténue, elles ne laissent pas souvent de nous arrêter.

En 1882, on résolut d'améliorer cette législation sage, mais insuffisante et surannée.

Il semblait que ce fût facile.

Les Sociétés de secours mutuels avaient fait leurs preuves, on ne leur adressait aucun reproche, on s'accordait à reconnaître leur mérite et leurs bienfaits, pourquoi ne pas leur donner, comme nous l'avons réclamé (1) au

(1) Ce vote a été émis à l'unanimité, moins une voix.

4ᵉ Congrès national, *la liberté d'association sous le contrôle de l'État ?*

Leur manière de s'administrer avait été maintes et maintes fois contrôlée et approuvée par les pouvoirs publics, elle satisfaisait pleinement les intéressés, elle n'avait jamais excité de plaintes, elle n'avait donné que d'excellents résultats, il fallait respecter cette organisation sanctionnée par 40 ans d'expérience et de succès.

Enfin, les questions sociales commencent à se dégager des théories plus ou moins fantaisistes; il est manifeste que la Mutualité seule peut résoudre le triple et redoutable problème de l'invalidité. L'État devait donc non seulement tenir les engagements qu'il avait pris envers des sociétés si utiles, mais aussi les encourager de plus en plus, en augmentant les avantages de leur ancienne législation. Nos sociétés remplissent mieux et plus économiquement qu'il ne pourra jamais le faire, le devoir d'assistance qui est une de ses plus lourdes et de ses plus difficiles fonctions.

Le gouvernement de la République l'avait compris; nous n'avons jamais eu qu'à nous féliciter des projets de loi qu'il a présentés en notre faveur.

Malheureusement ces projets de loi ont été transformés, dénaturés par les commissions Parlementaires composées en majorité de Mutualistes en chambre dont les utopies nous effraient, de politiciens qui ne voient dans les Sociétés de secours mutuels qu'un intérêt électoral, et d'actuaires accoutumés à traiter très savamment les questions d'assurances, mais qui, imbus de principes contraires aux nôtres, préconisent et veulent imposer des méthodes onéreuses qui, pour nous, seraient funestes et impraticables.

C'est à eux que nous devons la loi de 1886 sur la Caisse nationale des retraites. Cette loi enlève à nos pensions, mêmes alimentaires, le taux de 5 0/0 qu'elle avait pour but de leur assurer.

C'est une imprudence pour l'avenir, car ce n'est point en décourageant l'épargne qu'on la développe.

C'est une iniquité pour le passé, car en donnant à cette loi un effet rétroactif, on a violé contre nous les engage ments les plus formels, on s'est permis contre l'épargne des ouvriers prévoyants ce qu'on n'oserait pas faire contre les banquiers ou contre les rentiers.

Ceux qui ont acheté du 3 0/0 à 60 touchent environ aujourd'hui 5 0/0 de leur argent;

l'Etat, pour leur servir un intérêt moindre, serait obligé de les rembourser au pair, c'est-à-dire en leur offrant un bénéfice de 40 0/0 (je dis quarante pour cent).

Avec les Mutualistes on se gêne moins.

Une société de secours mutuels qui, en 1873, avait versé *obligatoirement* à l'Etat 10,000 francs, devait se croire assurée d'avoir toujours 500 francs de pensions. C'est toujours vrai pour les rentiers, ce n'est plus vrai pour nous. Au décès de chacun de nos retraités on modifie le taux de la pension. C'est toujours la même société, le même capital, le même emploi de ce capital, ce n'est plus la même rente, elle a été abaissée dans la proportion énorme de 30 0/0. L'argent qui servait à créer dix pensions ne permet plus d'en donner que sept. Je serais bien curieux de savoir en vertu de quel principe la mort de nos retraités peut modifier l'emploi de nos économies et délier l'Etat de ses engagements?

L'Etat n'a pas le droit de modifier le contrat qu'il a lui-même imposé et de conserver nos capitaux en modifiant, à son avantage, les conditions de leur dépôt!

*
* *

Les commissions Parlementaires et les Mutualistes en chambre, non contents d'avoir aussi injustement détruit nos calculs et compromis nos finances, menacent notre Institution d'un péril beaucoup plus grand par le projet de loi despotique et onéreux qu'ils ont rédigé et qu'ils demandent au Parlement d'adopter.

Un projet de loi sur les Sociétés de secours mutuels avait été déposé le 18 mars 1882, par le Gouvernement de la République, dans le but hautement déclaré d'assurer pour toujours et d'augmenter encore les avantages qu'assurait aux Mutualistes leur ancienne législation. Tout en regrettant qu'au point de vue libéral ce projet fut insuffisant, nous l'avions accueilli avec joie; il a été tellement remanié que le projet dont la Chambre est actuellement saisie est en réalité nouveau et ne justifie que trop nos protestations.

Les auteurs de ce dernier projet avaient annoncé le désir de s'éclairer, mais ils se sont contentés d'entendre deux groupes d'amis, en refusant systématiquement d'écouter les autres; pas un seul mutualiste de province n'a été admis à présenter ses observations. Bien plus, ils ont empêché qu'on fit auprès des intéressés l'*enquête* que ceux-ci réclament et que deux Ministères successifs avaient promise, ce qui n'empêche pas le rapporteur d'écrire que « la Commission s'est entourée de tous les renseignements possibles. »

Examinons ce projet de loi.

Il débute fort mal en assimilant des sociétés différentes dans leur but, dans leur personnel, dans leur organisation. Une société qui s'occupe exclusivement de retraites et qui assure 10, 12, 20 rentes viagères à des personnes, plus ou moins aisées, n'a pas le même caractère ni la même utilité qu'une Mutualité composée d'ouvriers qui ont grand'peine à se prémunir contre les maladies, les accidents et la vieillesse. Le projet de loi englobe même avec nous les associations qui n'ont d'autre but que d'assurer, soit une inhumation décente aux sociétaires, soit une pension à leurs veuves.

Faire une loi unique pour des sociétés si disparates, c'est se condamner d'avance à faire une loi mauvaise.

Les auteurs du projet ont commis une erreur plus grave encore et qui ne tend à rien moins qu'à bouleverser absolument la Mutualité. Sous l'empire des actuaires, ils n'ont voulu voir dans nos sociétés qu'une des formes de l'assurance ; grave erreur, celles-ci s'occupent des intérêts privés et celles-là de l'intérêt général, l'assurance s'adresse à ceux qui possèdent et la Mutualité à ceux qui ne possèdent pas. Assureurs et assurés, n'ont d'autre mobile que l'égoïsme et cherchent à tirer de l'assurance le plus de parti possible, tandis que les Mutualistes joignent le dévouement à la prévoyance et sacrifient volontiers leurs intérêts personnels à ceux de leurs semblables et de leur société.

C'est l'honneur des Mutualistes français de travailler pour l'avenir comme pour eux-mêmes et de fonder à leurs dépens pour les générations futures l'Institution magnifique qui assurera à leurs enfants des bienfaits beaucoup plus grands que ceux dont ils se contentent.

Ceux qui sont à la tête des assurances touchent, très honorablement du reste, des traitements de Ministres, ceux qui sont à la tête des Mutualités paient généralement de leur bourse autant que de leur personne ; les premiers se font aider par des savants, par des agents largement rétribués, la tâche des seconds serait impossible s'ils n'étaient pas secondés par d'innombrables fonctionnaires dont le zèle est d'autant plus grand qu'il est comme le leur désintéressé. L'administration des assurances donnant de grands bénéfices, permet de faire de grands calculs et de grandes dépenses ; l'administration des sociétés de secours mutuels est plus familiale et plus économique, sa simplicité et sa clarté permettent d'utiliser toutes les bonnes volontés, de même qu'elle facilite toutes les recherches et défie tous les soupçons.

Vouloir faire de nos sociétés des assurances, des sociétés savantes, c'est oublier qu'elles sont faites pour donner aux travailleurs beaucoup de secours et non aux statisticiens beaucoup de documents.

Pour employer le langage de nos adversaires, on pourrait presque poser cette équation : l'assurance est à la Mutualité ce que l'égoïsme est au dévouement.

Un projet de loi partant de principes aussi faux ne pouvait être que déplorable.

Il l'est en effet.

Au point de vue de la liberté, on ne se contente pas de refuser aux sociétés libres ou autorisées, le droit de confier leurs fonds aux caisses de l'Etat, de recevoir des dons et des legs immobiliers, on leur défend d'acheter d'autres immeubles que celui qu'elles occupent, encore leur sera-t-il interdit d'en tirer parti par une location, si minime qu'elle puisse être.

Leur personnalité est entourée de mille restrictions, de mille entraves. Il reste interdit aux Mutualistes de porter publiquement l'insigne des récompenses qui leur sont décernées et dont les membres des sociétés autorisées continuent d'être exclus. Aucune société ne peut recevoir de dons et de legs, même mobiliers, sans y être autorisée et sans payer le maximum des impôts de mutations. Aucune ne pourra exister sans avoir prévu l'avenir, entravé d'avance son administration, écrit dans ses statuts l'emploi qu'elle devra faire de chaque partie de chaque cotisatiou.

Ce n'est pas tout, nous refusons de constituer, comme les assurances, nos pensions au moyen de livrets individuels, estimant avec raison que le livret individuel convient aux individus et que ce n'est pas la peine de se mettre en société pour n'avoir pas de fonds social. Pour nous punir de notre indépendance, on multiplie nos obligations. Si nous persistons à repousser le livret individuel (1), nous devrons insérer dans nos statuts, d'avance, quelle somme sera prélevée, chaque année, pour les pensions, sur chaque cotisation.

(1) Le troisième congrès national a décidé, par un vote presque unanime, que pour la constitutiou des pensions, le livret individuel pouvait convenir aux sociétés de retraites, mais non aux sociétés de secours mutuels.

Comment peut-on savoir d'avance l'importance des libéralités, la durée des maladies, le cours des médicaments, le nombre des morts ?

Comment pourra-t-on affecter aux retraites une partie de la cotisation des participants, si cette cotisation totale est inférieure à leurs dépenses !

Il le faudra pourtant.

Ni l'ancienneté des sociétés, ni la sagesse de leur administration, ni l'importance de leur fortune ne pourront les protéger et les autoriser à conserver leurs statuts longuement élaborés, approuvés par les autorités administratives, sanctionnés par l'expérience et le succès.

Il leur faudra suivre des règles nouvelles, des règles qu'on impose sans même les connaître, car l'art. 30 du projet de loi donne deux ans pour les établir et l'art. 31 donne ce même délai de deux ans pour les suivre, et l'obligation est rigoureuse, *puisqu'il faudra se soumettre ou disparaître.*

Voilà ce qu'on appelle une loi de liberté !

Notez bien que cet ordre draconien ne s'applique pas seulement aux statuts, il nous faudra transformer notre esprit, nos usages, notre administration.

Il serait trop long d'énumérer toutes les vexations nouvelles qu'on nous impose, j'en vais seulement examiner quelques-unes.

D'après le Code pénal, tout médecin qui trahit le secret professionnel doit être poursuivi ; son indiscrétion l'expose non seulement à l'amende et à de gros dommages-intérêts, mais à six mois de prison.

Il y a là un principe d'intérêt général.

Il ne faut pas que la réputation, l'avenir, l'honneur des malades et de leurs familles soient à la merci des médecins. D'après le nouveau projet de loi, cette protection manquera désormais aux Mutualistes. Bien plus, ce qui restera défendu, quand il s'agira d'un ivrogne, d'un détenu, d'un repris de justice, deviendra obligatoire quand il s'agira d'un ouvrier prévoyant ; les médecins seront obligés de violer le secret professionnel et de faire connaître les maladies de leurs malades, quand ces malades feront partie d'une Société de secours mutuels.

Les présidents et les administrateurs ne seront pas mieux traités. Pour récompenser leur désintéressement et leur zèle, on pourra les traduire en police correctionnelle pour peu qu'ils se trompent dans leurs prévisions, qu'une épidémie dérange leurs calculs et qu'ils n'aient pas suffisamment observé les règles futures qu'on nous impose, avant même qu'elles existent.

Or quel est le principe nouveau de ces règles nouvelles ?

La spécialisation des cotisations.

Jusqu'ici nos sociétés faisaient comme les commerçants qui paient tous leurs achats avec le produit de toutes leurs ventes et qui, pour connaître leur situation, font la balance de ce qu'ils ont reçu et de ce qu'ils ont dépensé.

Les cotisations de nos sociétaires servaient d'abord à assurer le complet exercice de leurs droits et, de même qu'un commerçant mesure ses placements sur l'étendue de ses bénéfices, nous proportionnions nos versements à la caisse des retraites sur l'importance de nos économies. Cette méthode, très sage et très simple nous a toujours réussi à tel point que, depuis 40 ans, si j'en excepte l'année terrible, nos sociétés n'ont pas cessé de progresser et que notre administration pourrait servir de modèle à beaucoup d'autres.

Mais ce n'était pas assez compliqué, désormais nous devrons changer tout cela.

Chaque dépense devra être assurée par une recette correspondante. Nous aurons autant de comptes distincts et spécialisés que chaque société rendra de services. La cotisation de chaque sociétaire sera décomposée en autant de parties qu'il aura de droits, et l'on formera ainsi une quantité de caisses et de comptes, soigneusement séparés et indépendants les uns des autres. Les statuts détermineront, d'avance, ce qui dans chaque recette, dans chaque cotisation, devra être spécialement affecté à chaque caisse.

Il paraît que, malgré notre constante prospérité, nous n'avions « qu'une organisation empirique » (rapport de M. Audiffred, page 4), « la science mathématique sera le guide exclusif de nos sociétés » (page 5) ; « elles devront démontrer qu'elles fonctionnent avec toute la sécurité des assurances (page 9) ; « cette idée nouvelle de la péréquation des recettes et des dépenses c'est l'idée fondamentale, la clef de voûte du projet » (pages 9 et 50), et comme la péréquation amènera d'inévitables surprises, il faudra, pour la remanier, faire au moins tous les cinq ans, des inventaires qui devront permettre à chaque société de connaître d'avance et pour chaque année de leur existence les probabilités de chaque recette et de chaque dépense de chaque sociétaire.

Le rapporteur fait judicieusement observer que de tels travaux ne peuvent être faits « que par des mathématiciens exercés. »

A cette théorie qu'on dit savante en même temps que nouvelle, l'expérience apporte de nombreuses objections.

Plus il sera nécessaire d'avoir des mathématiciens exercés, plus chèrement il faudra les payer ; l'augmentation des dépenses amènera la réduction des secours.

Plus les calculs seront compliqués, plus il sera difficile de les faire et de les comprendre.

A-t-on pensé au contre-coup d'une telle transformation ?

Ce qui excite l'admiration et la générosité des membres honoraires, c'est précisément le dévouement, le désintéressement de tant de braves gens, receveurs, contrôleurs, caissiers, trésoriers qui donnent gratuitement leur temps et leur travail à leur Société. En exigeant des calculs trop compliqués pour leur savoir, ou trop longs pour leurs loisirs, on éloignera leur concours, on froissera leur amour-propre, on excitera leur défiance et leurs critiques Nous serons obligés de payer, et de payer chèrement, leurs remplaçants, ces mathématiciens exercés, vrais auteurs de la loi qui les rendra nécessaires. Ce bouleversement en amènera d'autres. Si on paie ceux qui feront les comptes, il faudra payer ceux qui visiteront les malades. On supprimera le recrutement et la gratuité de nos fonctionnaires, la confiance réciproque et le bon accord de nos sociétaires, en même temps qu'on diminuera le nombre et la générosité de nos Membres honoraires.

Augmentation des dépenses, diminution des recettes, désorganisation de nos sociétés, telles seront les premières conséquences de l'idée nouvelle et fondamentale de la loi.

Pourquoi cela? Pour tenter l'impossible. En deux mots, je le démontre.

Mettons en pratique le nouveau système. Voici une société qui se fonde. Les mathématiciens ont établi ce qui, dans chaque cotisation, devait être affecté à chaque service : tant pour les médecins, pour les pharmaciens, pour l'indemnité de travail, tant pour les retraites, tant pour les inhumations, tant pour les veuves, pour les orphelins, pour les frais généraux, etc., et il est bien entendu que chaque caisse est distincte et indépendante. Survient une épidémie, voici le travail des mathématiciens exercés bouleversé, leurs moyennes détruites, leurs prévisions dépassées, la caisse des malades vide.

Allez-vous puiser dans les autres ......ses qui sont pleines? Alors ce n'était pas la peine de se donner tant de mal pour les spécialiser et vous revenez au système actuel.

Allez-vous refuser de secourir les malades sous prétexte qu'il ne faut pas toucher à la caisse des pensions? Alors on vous répondra que c'est se moquer des gens que de refuser de les soigner sous prétexte de leur faire des rentes.

Vous voyez bien que cette utopie soi-disant savante ne résiste pas à l'examen et que les Mutualistes auxquels on la prône, depuis sept ans, ont raison de la repousser.

Laissez donc à ceux qui en auraient envie, le soin de tenter cette expérience, et respectez la liberté des autres, au lieu de leur imposer ce qui leur a été si vainement conseillé.

Le projet de loi n'est pas seulement contraire à notre liberté, à notre esprit, à notre organisation, mais à nos finances. Bien loin d'augmenter, comme on l'avait promis, nos avantages, il les diminue en accroissant fort inutilement nos dépenses.

Pourquoi obliger toute société qui se fonde, toute société qui modifie ses statuts, à payer aux journaux des annonces?

Pourquoi remplacer nos fonctionnaires modestes, mais dévoués, par des mathématiciens onéreux? Pourquoi multiplier les écritures et la comptabilité? Pourquoi demander aux médecins des renseignements contraires à leur discrétion professionnelle, beaucoup les refuseront, et si on les obtient il faudra payer le docteur qui les donnera et l'employé qui les collationnera.

Les inventaires quinquennaux obligeront sans cesse à remanier les statuts, ce sera une nouvelle cause de dépenses autant que de désunion.

Par une bizarrerie difficile à comprendre, en même temps qu'on nous oblige à connaître l'avenir et à le prévoir avec certitude, on ôte à nos calculs leurs bases essentielles.

Les subventions se répartissaient d'après des règles fixes, connues et qui, par cela même, échappaient au reproche d'arbitraire et d'injustice. Désormais il n'en sera plus ainsi, le mode de répartition des subventions variera tous les ans. C'est ce qui se fait déjà pour les subventions extraordinaires, et il en résulte une désorganisation telle que non seulement les règles les plus élémentaires de la justice sont violées, mais que personne ne sait plus ni ce qu'il doit faire ni ce qu'il doit attendre ; nous sommes à la fin du mois d'août, et les retraités de 1895 n'ont pas encore touché les pensions sur lesquelles ils comptaient pour payer leurs termes de Pâques et de la St-Jean.

Le projet de loi contient deux innovations financières bien autrement graves.

Depuis 43 ans, l'Etat nous avait imposé une loi qui de part et d'autre a toujours été loyalement exécutée.

Il avait imposé aux sociétés approuvées ou reconnues, le dépôt en ses mains de leurs capitaux, en s'engageant à leur servir un intérêt de 4 1/2 0/0. Ce taux n'a jamais varié, alors même que nous aurions pu acheter de la rente à 5 et 6 0/0. Le projet de loi abaisse notablement l'intérêt de ces dépôts, *sans nous rendre nos capitaux*, sans tenir compte de la perte que nous avons subie quand le loyer de l'argent était supérieur à l'intérêt qu'on nous servait.

En d'autres termes, l'Etat nous avait imposé une loi qu'il a observée quand elle lui était avantageuse, on lui propose de la violer maintenant quelle nous serait profitable. S'il ne s'agissait que des dépôts futurs, cela se comprendrait, à la condition de nous rendre la libre disposition de notre gré de notre argent ; pour le passé, c'est une injustice manifeste.

Le projet de loi va plus loin ; pour nous obliger à remplacer le fonds social par des livrets individuels, il ne recule pas devant ce que je ne puis m'empêcher d'appeler une *confiscation*.

Le dernier paragraphe de l'article 21 est formel, il propose de remplacer nos fonds de retraite disponibles par des obligations qu'on créerait sous le nom de : obligations de la caisse des dépôts et consignations. Comme la caisse des dépôts a surtout des dettes, il est facile d'apprécier quel papier nous aurions au lieu de bon argent.

Est-ce à dire que dans cette proposition de loi tout soit mauvais ? Assurément non.

Sous l'influence de nos congrès et de nos conférences, quelques idées justes ont déjà prévalu. C'est ainsi qu'à la suite du 3e congrès national, tenu à Paris en 1889, on a compris que les sociétés autorisées étaient tenues dans une suspicion exagérée. Le projet de loi accorde à ces sociétés de nouveaux droits, insuffisants, mais fort appréciables, tels que le droit d'ester en justice, d'être admises à l'assistance judiciaire, de posséder des objets mobiliers, de faire des baux, de recevoir quand on les y autorise des dons et des legs mobiliers.

Les sociétés approuvées pourront, avec l'autorisation du Conseil d'Etat, recevoir des dons et legs immobiliers, elles auront un peu plus de liberté pour le placement de leurs capitaux, leurs bienfaiteurs auront le droit, qu'ils ne possèdent pas encore, d'indiquer utilement le but de leurs libéralités.

Les unions de sociétés, qui n'étaient que tolérées, auront une existence légale avec des droits un peu trop limités.

Il sera créé un Conseil supérieur de la mutualité, mais dont je n'espère rien de bon, à moins qu'on ne modifie sa composition, en cessant de n'y introduire les présidents de sociétés qu'en infime minorité.

Enfin, on fera cesser l'étrange anomalie qui refuse aux Mutualistes les facilités que la loi accorde à ceux qui veulent fonder des syndicats. Cette concession est d'une telle importance qu'elle engage certains esprits à fermer les yeux sur tout le reste. Prenons, disent-ils, cette liberté si désirée, enlevons à l'arbitraire administratif le droit — dont il use bien rarement — de s'opposer à la création des Mutualités nouvelles. Un tel progrès mérite qu'on l'achète et que nous acceptions une loi déplorable, sauf à la modifier ensuite.

Beaûcoup d'autres préfèrent momentanément le statu quo. Je suis de ce nombre.

Il est plus facile d'améliorer un projet de
loi, que de transformer une loi récémment
votée. L'opinion publique à laquelle il faut
bien finir par se rendre, comprend de plus en
plus la justesse de nos revendications. Ce que
nous avons obtenu pour les sociétés autorisées
prouve que nous aurions tort de nous décourager. Ne venons-nous pas d'empêcher le transfert au ministère du commerce du bureau
des Institutions de prévoyance, transfert qui
n'avait d'autre but que de nous mettre directement sous le joug des actuaires ?

J'ai l'intime conviction qu'il nous suffirait
d'être plus énergiques et plus unis pour être
écoutés. Le remarquable exposé de motifs du
projet de loi sur les retraites ouvrières, les
discours de M. le Président Carnot à Aix et
à Limoges, l'exposé des motifs de la loi des
finances de M. Burdeau, les engagements
électoraux d'un grand nombre de députés,
l'avènement à la présidence de la République
d'un Mutualiste aussi convaincu que M. Félix
Faure, me donnent la conviction que le Parlement saura secouer le joug des quelques
actuaires et Mutualistes en chambre qui se
perpétuent dans ses commissions, qu'il écou-

tera nos doléances et que, cessant de mettre en contradiction les paroles et les actes, il donnera à la Mutualité française une loi vraiment libérale et qui assurera son développement, en respectant son indépendance et ses droits.

H. VERMONT,

Vice-Président des Congrès mutualistes
de Rouen, Marseille, le Hâvre, Philippeville,
Bordeaux, Paris.

Rouen, 16 août 1895.

VŒUX

Présentés par M. H. VERMONT

Au 5e Congrès national, Congrès Mutualiste de Saint-Etienne

1° Qu'une enquête faite auprès des intéressés précède la discussion du Projet de loi qui les concerne ;

2° Qu'on donne aux Sociétés de Secours mutuels la liberté d'association sous le contrôle de l'État ;

3° Qu'on fasse une loi spéciale pour les Sociétés de Secours mutuels et que, tout en les favorisant, on fasse une loi différente pour les Sociétés qui s'occupent uniquement soit des retraites, soit des inhumations, soit des secours après le décès, etc.;

4° Qu'on cesse de vouloir imposer aux Sociétés de Secours mutuels la spécialisation des cotisations, qui n'est pas contraire seulement à leurs traditions, mais aussi à leur esprit, à leurs finances, à leur organisation et au devoir qu'elles ont d'exécuter leurs engagements, même lorsque des épidémies modifient et détruisent les calculs de probabilité et les prévisions ordinaires;

5° Qu'on respecte la propriété des capitaux des Sociétés de Secours mutuels;

6° Qu'on maintienne à leurs dépôts et qu'on rende à leurs pensions le taux d'intérêt ou de capitalisation de leur ancienne législation, ou qu'on leur en donne l'équivalent; que tout au moins l'État tienne ses engagements pour les capitaux dont il est détenteur, et qu'appliquant aux Mutualistes les règles dont il ne s'est jamais départi à l'égard des porteurs de rente, il maintienne ou restitue à chaque versement fait entre ses mains les taux qui existaient alors, ou restitue ces capitaux aux Sociétés;

7° Que le capital constitutif des pensions de retraite soit réintégré à l'avoir des Sociétés à compter du jour du décès des retraités, l'État ne devant pas s'enrichir au détriment des Sociétés, par suite des lenteurs administratives dont elles ne sont pas cause;

8° Que le secret médical continue à être observé envers les Mutualistes comme envers les autres citoyens;

9° Qu'on maintienne au Ministère de l'Intérieur le service des Sociétés de Secours mutuels;

10° Qu'on s'abstienne de vouloir les assimiler aux Sociétés d'Assurances;

11° Qu'on dégrève, au moins pendant un certain temps, de tout ou partie des droits de mutation ou autres, les dons et les legs faits aux Sociétés de Secours mutuels, et qu'on les exonère du droit de timbre-quittance;

12° Que le Conseil supérieur de la Mutualité et les Commissions extra-parlementaires, appelées à se prononcer sur les questions intéressant la Mutualité, soient composés au moins par moitié des Présidents actifs des Sociétés de Secours mutuels;

13° Que les Membres des Sociétés de Secours mutuels aient le droit de porter l'insigne des distinctions qui leur sont accordées par le gouvernement de la République;

14° Que si, par malheur, on adoptait les dispositions désastreuses, despotiques et tracassières du projet de loi contre les Sociétés de Secours mutuels, et qu'on imposât onéreusement aux Mutualités futures les innovations utopistes qu'il contient, on respecte au moins les faits acquis, en autorisant les Sociétés de Secours mutuels actuellement existantes, à conserver les Statuts et leur organisation, basés sur l'expérience et consacrés par le succès.

Paris. — Imp. MARÉCHAL et MONTORIER.

Nota. — Presque tous les *vœux* qui précèdent, et que de nombreuses Sociétés avaient également présentés, ont été adoptés par la Commission des vœux, et ont trouvé leur texte ou leur application dans le projet de loi voté par le Congrès.

Le 2ᵉ vœu a été modifié comme on le verra plus loin ;

Le 3ᵉ vœu a été remplacé par une disposition assez analogue, se rapprochant davantage des anciens projets de loi, et à laquelle je me suis rallié ;

Le 6ᵉ a obtenu satisfaction par un des votes les plus importants du Congrès ;

Le 9ᵉ n'avait plus de raison d'être, puisque nos protestations ont empêché le transfert du bureau des institutions de prévoyance du Ministère de l'Intérieur au Ministère du Commerce.

« En rédigeant le 14ᵉ vœu pour le Congrès, je l'avais accentué le plus tôt possible, afin de bien montrer ce que nous pensions du projet de loi parlementaire contre les Sociétés de Secours mutuels. Prévenu que nous allions préparer un autre projet pour la Chambre, j'ai modifié, avant toute discussion, la forme de ce vœu en le rédigeant ainsi :

« Que le projet de loi sur les Sociétés de Secours mutuels respecte les droits acquis et autorise les Sociétés de Secours mutuels, légalement existantes lors de la promulgation de la loi, à conserver leurs statuts et leur administration. »

Ce vœu, adopté par la Commission et sanctionné par un vote réitéré du Congrès, est devenu le dernier paragraphe de son projet de loi.

LE CINQUIÈME CONGRÈS NATIONAL

CONGRÈS DE SAINT-ÉTIENNE

Rapport à mes mandants

Contrairement à la plupart des Congrès qui font plus de bruit que de besogne, le Congrès national que les mutualistes français ont tenu à

Saint-Etienne a passé presque inaperçu dans la presse et mérite d'attirer l'attention publique et celle du Parlement.

Il était également important par les 2.000 sociétés qui lui avaient donné leur adhésion, par la valeur personnelle des 292 délégués présents et par l'importance des questions qu'il devait examiner.

Glissons sur les questions d'ordre intérieur qui figuraient tout d'abord seules au programme : indemnités de maladie, caisses de réassurances, mise en subsistance, rôle de la femme et de l'enfant dans la mutualité, vœux s'appliquant à l'organisation des sociétés — toutes ces questions ont été résolues d'une manière qui démontre le sens pratique des mutualistes, leur esprit libéral et la sagesse avec laquelle ils préfèrent toujours aux théories hasardées la méthode expérimentale et les leçons de l'expérience.

De plus graves problèmes s'étaient imposés aux organisateurs du Congrès. Etait-il vrai que la Ligue de la prévoyance et de la mutualité fût autorisée à parler au nom des mutualistes français, et en communauté d'idées avec eux ? Etait-il vrai, comme on s'est plu récemment à l'affirmer, que les mutualistes eûssent renoncé à la fixité des taux improprement appelés taux de faveur ? Etait-il vrai que le projet de loi sur les sociétés de secours mutuels dont la *Revue du XXe Siècle*, la *Revue Mutualiste* et bien d'autres journaux et revues ont critiqué les dispositions fut approuvé par les intéressés ?

A ces trois questions le Congrès a répondu négativement de la manière la plus formelle.

Les élections aussi bien que les débats et les votes du Congrès ont prouvé qu'il entendait se soustraire absolument à la direction de la Ligue.

Le bureau du Congrès a été composé de mutualistes indépendants, des vétérans de la mutualité. Ont été élus à l'unanimité, président : M. Joly de Saint-Etienne, président de la commission d'organisation, et secrétaire général M. Montmeterme de Saint-Etienne ; à une grande majorité et dès le premier tour de scrutin ; vice-présidents MM. Bleton, de Lyon ; Gyoux, de Bordeaux ; Bonniot, de Marseille ; H. Vermont, de Rouen (1).

Les élections des commissions ont confirmé cette impression, en appelant à les présider MM. Bleton, Gyoux, Apy de Marseille et H. Vermont.

Enfin un fait, regrettable à certains égards, a publiquement accentué cet état d'esprit. M. le Président de la République, M. le Président du Conseil général de la Loire et M. le Maire de Saint-Etienne ayant été dans la première réunion publique du Congrès nommés Présidents d'honneur, un délégué a proposé de leur adjoindre M. Lourties, ancien Ministre, Président de la Ligue. Cette proposition, bien qu'il fût désobligeant de la combattre a été repoussée à une grande majorité.

* *

Une commission spéciale avait été nommée pour s'occuper de la question si grave des retraites et, par voie de conséquence, du taux de capitalisation des pensions et de l'intérêt des dépôts.

Elle a, sous la présidence de M. Apy, approfondi ces questions pendant plusieurs jours et entendu notamment une étude très savante de M. Du-

---

(1) M. Arboux, secrétaire général de la Ligue, président d'honneur du Congrès précédent, n'a eu qu'un nombre de voix bien inférieur à son talent et à sa situation.

quaire, de Lyon, qui a péremptoirement démontré la thèse que j'ai toujours soutenue, à savoir : 1° que les sociétés de secours mutuels ont absolument besoin de la fixité des taux pour prévoir l'avenir et savoir quelles promesses elles peuvent faire ; 2° que l'Etat est obligé de tenir ses engagements envers les travailleurs prévoyants, comme envers les porteurs de rente et qu'il ne peut conserver les capitaux des sociétés de secours mutuels en diminuant le taux d'intérêt qu'il avait promis pour obtenir leur dépôt ; 3° qu'enfin, il vaut mieux favoriser par une petite bonification d'intérêt l'épargne des travailleurs, que de les décourager et d'être obligé de les secourir lorsque, malades ou vieillis, ils tombent à la charge de l'Assistance, parce qu'ils n'ont pas su économiser et se mutualiser.

Ces principes, vaillamment soutenus par beaucoup de délégués et notamment par la délégation de Marseille, finirent par prévaloir et furent proclamés par celui-là même (1) qui, au Congrès de Bordeaux, les avait si brillamment contestés.

Mais quel moyen pratique pourrait-on employer pour obtenir la fixité d'un taux de 5 0/0 ? La 3ᵉ commission avait proposé l'abandon des subventions, sans prévoir qu'elles pourraient être insuffisantes. Je fis observer que recevoir la même somme d'une main ou de l'autre cela ne nous servirait à rien, et que pour arriver à un résultat pratique il fallait compléter la proposition de la 3ᵉ commission en déclarant par une loi, non seulement que les subventions abandonnées serviraient à parfaire la garantie d'intérêt, mais qu'elles seraient augmentées pour obtenir ce ré-

(1) M. Dumond, de Lyon, rapporteur de la 3ᵉ Commission, auquel les Mutualistes doivent beaucoup de reconnaissance pour l'attribution qui leur a été faite des dépôts aux caisses d'épargne qui ont été abandonnés.   H. V.

Suppression de la violation du secret médical à l'égard des mutualistes ;

Suppression de la quasi-confiscation des capitaux appartenant aux sociétés hostiles au livret individuel ;

Suppression des inventaires quinquennaux ;

Fixité à 5 0/0 des taux d'intérêt et de capitalisation avec abandon des subventions, si c'est nécessaire pour obtenir cette fixité ;

Unification et décentralisation des sociétés ;

Droit pour les sociétés de posséder des immuebles, augmentation de leurs avantages financiers ;

Création de conseils mutualistes régionaux ;

Modification du conseil supérieur de la Mutualité dans lequel les présidents des sociétés de secours mutuels devront entrer pour moitié ;

Droit pour les sociétés légalement existantes au moment de la promulgation de la loi de conserver leurs statuts et leur administration. La loi ne devant pas avoir d'effet rétroactif.

Je considère comme excellentes presque toutes ces demandes, à l'exception de celle qui concerne l'unification des sociétés soutenue avec talent par M. Fougerousse qui la repoussait il y a deux ans et combattue vainement par MM. Arboux, Gyoux, et Bleton.

L'unification des sociétés a été repoussée par tous les Congrès précédents ; elle fait litière d'un passé de 50 ans dont il faut tenir d'autant plus de compte qu'elle a créé des situations différentes ; les sociétés autorisées qui ont acheté de la rente à 60 fr. ne sont pas dans la même situation que les sociétés approuvées qui ont été forcées de confier à l'Etat des capitaux qu'il capitalise actuellement à 3 1/2 0/0. De plus la diversité des sociétés a sa raison d'être, ceux qui veulent plus de liberté ne demandant pas l'approbation recherchée par ceux qui préfèrent plus de contrôle et plus d'avantages financiers. Je ne crois pas que l'Etat accorde jamais autant d'avantages à ceux qui lui donnent leur confiance et à ceux qui la lui refusent, à ceux qui lui confient leurs capitaux et à ceux qui préfèrent les conserver, à ceux qui consacrent d'avance et pour toujours leurs ressources à un service public tel que les pensions de retraite et à ceux qui entendent garder toute liberté pour l'emploi de leur avoir.

A part cette question, je considère comme très sages les votes du Congrès de Saint-Etienne et j'estime que si le Parlement en tenait compte en jetant au panier le projet de sa commission et en le remplaçant par des dispositions plus libérales, plus sages, plus conformes à l'expérience, aux désirs et aux droits des mutualistes, il accomplirait une grande œuvre de paix sociale.

Je ne veux pas terminer ce résumé sans rendre un public hommage à M. Joly qui a présidé les séances parfois agitées du Congrés d'une manière absolument remarquable, et sans indiquer un petit fait qui montre quel esprit animait les congressistés. Beaucoup d'entre eux, informés que M. Avignon, président d'honneur de la commission d'organisation, était décédé récemment, n'ont pas voulu quitter Saint-Etienne sans aller porter une couronne sur sa tombe.

H. VERMONT,

Délégué de nombreuses Sociétés de la Seine-Inférieure, de l'Eure, du Nord, de l'Aisne, de Seine-et-Marne, du Calvados, d'Indre-et-Loire, de la Manche et du Finistère.

Cet Opuscule, rédigé pour le 5e Congrès national, a été livré trop tard pour être remis aux Congressistes, dont heureusement il reflétait, sur presque tous les points essentiels, l'opinion éclairée par leurs propres études et par leur expérience.

On m'a assuré que sa publication ne serait pas inutile, surtout en y ajoutant le projet de la Commission et le contre-projet du Congrès, leur comparaison étant de nature à éclairer le Parlement. Pour en faciliter l'étude, j'ai joint au texte de ces deux projets quelques réflexions concises, et un troisième projet emprunté aux deux autres.

Je crois qu'il les améliore, on en peut extraire des amendements utiles, néanmoins il est loin de me satisfaire.

UNE BONNE LOI *sur nos Sociétés devrait être précise dans son but, libérale dans son esprit, claire et concise dans ses termes.*

Un petit nombre d'articles suffiraient.

Précisez avec soin le caractère essentiel des Sociétés de Secours Mutuels qui est d'assurer le secours de maladie ;

Donnez-leur la liberté d'association sous le contrôle de l'Etat ;

Respectez leurs droits acquis et rendez-leur les avantages de leur ancienne législation, qu'on déclarait insuffisants ;

Accordez quelques avantages financiers et la garantie d'un taux fixe d'intérêts et de capitalisation aux Mutualités (elles déchargent l'Etat d'une de ses obligations, en lui confiant des capitaux fournis par la prévoyance et affectés pour toujours à la création de pensions de retraites alimentaires) ;

Développez l'assistance préventive par une légère exonération des droits qui frappent les dons et les legs faits à des Sociétés si utiles (1).

(1) *Pendant l'impression de cet opuscule le vote de la Chambre, sur l'art. 10 de la loi successorale, a donné satisfaction à ce désir que je n'ai cessé d'exprimer depuis longtemps.*

Cela suffirait à faire une loi excellente et qui, donnant un libre essor à l'esprit d'initiative et de dévouement, ne tarderait point à résoudre, par la seule puissance de l'association et des efforts personnels, le redoutable problème de l'invalidité, en élevant rapidement le niveau de la fortune et de la moralité publique.

LES DÉLÉGUÉS DU CONGRÈS NATIONAL
AUPRÈS DES POUVOIRS PUBLICS

Le 4 décembre, la commission de Prévoyance sociale dont 9 membres sur 23 étaient présents, a entendu avec une bienveillante attention, les délégués du Congrès.

Nous nous sommes bornés à lui présenter deux observations essentielles :

1º La nécessité d'un taux fixe pour nos calculs, en assurant à nos capitaux 5 %, ce qui serait facile en leur affectant les subventions (qu'on augmenterait au besoin), les fonds abandonnés aux caisses d'épargne et le produit de la vente des diamants de la couronne ;

2º Le bouleversement onéreux, funeste et antidémocratique qu'imposerait à nos Sociétés, la spécialisation des cotisations, vainement préconisée depuis sept ans par les théoriciens et contre laquelle les Mutualistes pratiques n'ont cessé de protester. Elle a été repoussée par un vote unanime du Congrès qui l'admet seulement pour les Sociétés de retraite ou promettant une retraite fixe.

Sur le premier point, la Commission a paru disposée à accepter les démarches des délégués et on saura bientôt sans doute dans quelle mesure elle en fera l'application.

Sur le deuxième point, M. Audiffred, rapporteur de la loi et grand partisan de l'innovation utopiste que les Mutualistes repoussent, a paru bien décidé à ne pas l'abandonner.

M. Bourgeois, président du Conseil des Ministres, a bien voulu entendre également plusieurs délégués de la Mutualité.

Il est regrettable que ces deux audiences aient suivi le dépôt et l'impression du projet de loi et du rapport, au lieu de les précéder. On finit, après douze ans, par où il fallait commencer. Toutefois, on ne peut que savoir gré à la Commission et à M. le Président du Conseil, d'avoir écouté attentivement nos observations. Espérons qu'il en sera tenu compte.

On trouvera ci-après :

1o Le projet de loi législatif ;

2o Un projet amendé emprunté presqu'entièrement, soit à ce projet, soit au contre-projet du Congrès ;

3o Le contre-projet du Congrès ;

4o De courtes observations sur les articles qui diffèrent.

L'auteur rappelle comme il l'a déjà écrit p. 41, qu'il préférerait un projet de loi plus court et plus clair, mais il s'est efforcé de se rapprocher du projet législatif pour en faciliter la discussion.

Le petit format de cette brochure n'a pas permis de mettre ces 4 colonnes en regard, elles se suivent deux par deux.

TEXTE LÉGISLATIF DU PROJET DE LOI
Sur les Sociétés de Secours Mutuels (1)

TITRE PREMIER

DISPOSITIONS COMMUNES A TOUTES LES SOCIÉTÉS

ARTICLE PREMIER. — Les Sociétés de Secours Mutuels sont des associations de prévoyance qui se proposent d'atteindre un ou plusieurs des buts suivants : assurer à leurs membres participants des secours en cas de maladie, blessures ou infirmités, leur constituer des pensions de retraite, contracter à leur profit des assurances individuelles ou collectives en cas de vie, de décès ou d'accidents, pourvoir aux frais des funérailles et allouer des secours aux ascendants, veufs, veuves ou orphelins des membres participants décédés.

Elles peuvent, en outre, accessoirement, créer ou gérer des offices gratuits de placement au profit de leurs membres.

ART. 2. — Ne sont pas considérées comme Sociétés de Secours Mutuels les associations qui, tout en organisant, sous un titre quelconque, tout ou partie des services prévus à l'article précédant, créent au profit de telle ou telle catégorie de leurs membres et au détriment des autres, des avantages particuliers.

(1) La suite se trouve aux pages 48, 52, 56, 60, etc.

PROJET AMENDÉ [1]

TITRE PREMIER

DISPOSITIONS COMMUNES A TOUTES LES SOCIÉTÉS

ARTICLE PREMIER. — Les Sociétés de Secours Mutuels sont des associations de prévoyance qui assurent à leurs membres participants et, facultativement, aux membres de leur famille résidant sous le même toit, des secours en cas de maladie, blessures ou infirmités.

Elles peuvent aussi leur constituer des pensions de retraite, contracter à leur profit des assurances individuelles ou collectives en cas de vie, de décès ou d'accidents ; pourvoir aux frais des funérailles et allouer des secours aux ascendants, aux veufs, veuves ou orphelins des membres participants décédés ; créer ou gérer en leur faveur des offices gratuits de placement et des écoles professionnelles, en un mot, étendre accessoirement leurs bienfaits à tout ce qui peut prévenir et empêcher la misère.

Elles peuvent avoir des sections.

Les Sociétés qui s'occupent uniquement de retraites seront l'objet de dispositions spéciales (2).

ART. 2. — (Texte du projet législatif avec l'addition du contre-projet) (3).

(1) La suite se trouve aux pages 49, 53, 57, 61, etc.
(2) On peut leur consacrer soit une loi, soit un chapitre social.
(3) Voir à la page suivante le contre-projet du Congrès.

CONTRE-PROJET DU CONGRÈS NATIONAL

TITRE PREMIER

DÉFINITIONS. — COMPOSITION. — DIRECTION (1)

ARTICLE PREMIER. — Les Sociétés de Secours Mutuels sont des associations de prévoyance qui assurent à leurs membres participants et, facultativement, aux membres de leur famille résidant sous le même toit, des secours en cas de maladie, blessures ou infirmités; elles peuvent aussi leur constituer des pensions de retraite, contracter à leur profit des assurances individuelles ou collectives en cas de vie, de décès ou d'accidents, pourvoir aux frais des funérailles et allouer des secours aux ascendants, aux veufs, veuves ou orphelins des membres participants décédés; créer ou gérer des offices gratuits de placement et créer des écoles professionnelles au profit de leurs membres.

Celles qui ne font pas le secours de maladie prendront la dénomination de sociétés de prévoyance mutuelle et seront l'objet du titre V de la présente loi.

Les unes et les autres peuvent avoir des sections.

ART. 2. — Ne seront pas considérées comme Sociétés de Secours Mutuels, les associations qui, tout en organisant sous un titre quelconque, tout ou partie des services prévus à l'article précédent, créent, au profit de telle ou telle catégorie de leurs membres et au détriment des autres, des avantages particuliers,

(1) La suite se trouve aux pages 50, 54, 58, 62, etc.

OBSERVATIONS (1)

ARTICLE 1er. — P. L. — Article doublement défectueux : 1° Il étend les bénéfices de la loi à beaucoup de Sociétés n'ayant ni le caractère ni l'utilité de la Mutualité ; 2° Ses termes restrictifs interdiraient aux Mutualités beaucoup de services qu'elles rendent depuis longtemps.

L'article premier du C. P. présente ce dernier inconvénient et son deuxième paragraphe prête à l'équivoque.

Si on veut faire une bonne loi, il faut la faire pour les vraies Mutualités, pour les Sociétés donnant, avec ou sans retraites, le secours de maladie.

Les Sociétés de retraites, dignes de ce nom, rendent des services réels, quoique moindres, et méritent d'être encouragées, mais l'Etat leur doit moins de sacrifices. parce qu'elles lui rendent moins de services.

(1) Le petit format de cette brochure empêche de mettre en regard direct les trois textes de loi et ces observations.

La suite se trouve aux pages 51, 55, 59, 63, etc.

Abréviations : P. L. projet de loi législatif.
　　　　　　　P. A. projet amendé.
　　　　　　　C. P. contre-projet du Congrès.

Les Sociétés de Secours mutuels sont tenues de garantir à tous leurs membres participants, les mêmes avantages, sans autre distinction que celle qui résulte des cotisations fournies et des risques apportés.

Art. 3. — Les Sociétés de Secours Mutuels peuvent se composer de membres participants et de membres honoraires ; les membres honoraires payent la cotisation fixée ou font des dons à l'association, sans prendre part aux bénéfices attribués aux membres participants ; mais les statuts peuvent contenir des dispositions spéciales pour faciliter leur admission au titre de membres participants à la suite de revers de fortune.

Les femmes peuvent faire partie des Sociétés et en créer ; les femmes mariées exercent ce droit sans l'assistance de leur mari ; les mineurs peuvent faire partie de ces Sociétés sans l'intervention de leur représentant légal.

L'administration et la direction des Sociétés de Secours mutuels ne peuvent être confiées qu'à des Français majeurs, de l'un ou l'autre sexe, non déchus de leurs droits civils ou civiques, sous réserve pour les femmes mariées des autorisations de droit commun.

Art. 4. — Un mois avant le fonctionnement d'une Société de Secours Mutuels, ses fondateurs devront déposer en double exemplaire : 1° les statuts de ladite association ; 2° la liste des noms et adresses de toutes les personnes qui, sous un titre quelconque, seront chargées à l'origine de l'administration ou de la direction.

Art. 3. — (Même texte avec une addition).

et en remplaçant le mot bénéfices par le mot avantages

Ajouter : les administrateurs et directeurs ne pourront être choisis que parmi les membres de la Société.

Art. 4. — (§ 1er même texte).

sauf en ce qui concerne les secours accordés aux membres de la famille résidant sous le même toit.

Les Sociétés de Secours Mutuels sont tenues de garantir à tous leurs membres participants, les mêmes avantages, sans autre distinction que celle qui résulte des cotisations fournies et des risques apportés.

ART. 3. — (Même texte que le projet législatif.)

TITRE II

DES OBLIGATIONS IMPOSÉES AUX SOCIÉTÉS DE SECOURS MUTUELS

ART. 4. — Un mois avant le fonctionnement d'une Société de Secours Mutuels, ses fondateurs devront déposer en double exemplaire : 1º Les Statuts de ladite Association ; 2º la liste des noms et adresses de toutes les personnes qui, sous un titre quelconque, seront chargées à l'origine de l'administration ou de la direction.

§ 1er texte du C. P.—La fin de ce paragraphe a été ajoutée par le Congrès par déférence pour un usage dangereux, mais respectable et général, des Mutualités de Marseille. Le Congrès a accepté cet usage sans le recommander.

Art. 3. — P. A. — § 1er. La substitution du mot avantages au mot bénéfices se justifie d'elle-même.

§ 3. Il est bon d'indiquer que pour administrer ou diriger une Société de Secours Mutuels, il faut en faire partie.

Le dépôt a lieu, contre récépissé, à la sous-préfecture de l'arrondissement où la Société a son siège social, ou à la préfecture du département.

Le maire de la commune en est informé immédiatement par les soins du préfet ou du sous-préfet.

Un exemplaire des pièces déposées est transmis au parquet.

Avis du dépôt devra être publié dans un journal de l'arrondissement ou, s'il n'en existe aucun dans l'un des journaux du département.

Un extrait des statuts sera inséré dans le recueil des actes de la préfecture.

Tout changement dans les statuts ou dans la direction sera notifié et publié selon les formes indiquées ci-dessus.

ART. 5. — Les statuts déterminent :

1º Le siège social, qui ne peut être situé ailleurs qu'en territoire français ;

2º Les conditions et les modes d'admission et d'exclusion, tant des membres participants que des membres honoraires ;

(Même texte).

(Id.)

(Id.)

Ce paragraphe est à supprimer.

(Même texte).

(Id.)

Moyennant l'accomplissement de ces formalités, toute Société nouvelle, dont les statuts sont en conformité avec la présente loi, a droit de fonctionner.

Dans les cas où l'administration supérieure croirait que cette conformité n'existe pas, elle en avertirait la Société dans le délai d'un mois depuis le dépôt des pièces.

Si l'entente sur la rédaction des statuts ne peut se faire, les fondateurs de la nouvelle Société, dans un délai de trois mois depuis le dépôt, pourront former devant le Conseil d'État un recours qui sera dispensé des droits de timbre et d'enregistrement et qui pourra être formé sans ministère d'avocat.

Art. 5. — Les statuts déterminent :
1° (Texte du projet législatif).
2° (Id.)

Le dépôt a lieu, contre récépissé, à la sous-préfecture de l'arrondissement où la Société a son Siège social ou à la préfecture du département.

Le maire de la commune en est informé immédiatement par les soins du préfet ou du sous-préfet.

Un exemplaire des pièces déposées est transmis au parquet.

Un extrait des statuts sera inséré dans le Recueil des actes de la préfecture.

Tout changement dans les statuts ou dans la direction sera notifié selon les formes indiquées ci-dessus.

Moyennant l'accomplissement de toutes ces formalités, toute Société nouvelle, dont les statuts sont en pleine conformité avec la présente loi, a droit de fonctionner.

Dans le cas où l'administration supérieure jugerait que cette conformité n'existe pas, elle le notifierait à la Société dans le courant du mois qui suit le dépôt des pièces.

Si l'entente sur la rédaction des statuts ne peut se faire, les fondateurs pourront former devant le Conseil d'Etat un recours qui sera dispensé des droits de timbre et d'enregistrement, ainsi que du ministère d'un avocat.

Art. 5. — Les statuts déterminent:
1º (Même texte).
2º (Id.)

Art. 4. — P. L. — § 5. Suppression des annonces, dépense inutile.

3° La composition du bureau et du conseil d'administration, le mode d'élection de leurs membres, la nature et la durée de leurs pouvoirs; les conditions du vote à l'assemblée générale et du droit pour les sociétaires de s'y faire représenter;

4° Les obligations et les avantages des membres participants;

5° Le montant et l'emploi des cotisations des membres, soit honoraires, soit participants, les modes de placement et de retrait des fonds;

6° Les conditions de la dissolution volontaire de la société;

7° Les bases de la liquidation à intervenir si la dissolution a lieu;

8° Le mode de conservation des documents intéressant la Société.

Si les cotisations des membres honoraires ou participants doivent être affectées pour partie à la constitution de pensions viagères de retraite garanties, soit au moyen d'un fonds commun, soit par des livrets individuels ouverts au nom des sociétaires, les statuts fixeront les prélèvements à opérer sur ces cotisations pour le service spécial des retraites.

Art. 6. — Lorsque l'assemblée générale sera convoquée, les pouvoirs dont les sociétaires seront porteurs, pourront être donnés sous

3º La composition du Bureau et du Conseil d'administration, le mode d'élection de leurs membres, la nature et la durée de leurs pouvoirs, les conditions du vote à l'assemblée générale.

4º (Même texte).

5º Le montant des cotisations des membres soit honoraires, soit participants, les modes de placement et de retrait des fonds ;

6º (Même texte).

7º (Id.)

8º Le mode de conservation des documents intéressant la Société.

9º Les statuts des Sociétés qui promettent une retraite (1) fixe seront obligés de garantir la quotité de leurs pensions par une cotisation spéciale ou par d'autres recettes équivalentes.

Cette prescription ne sera pas obligatoire pour les autres Sociétés.

ART. 6. — (Texte du projet législatif).

(1) Ce paragraphe serait applicable aux Sociétés de retraités.

3° La composition du Bureau et du Conseil d'administration, le mode d'élection de leurs membres, la nature et la durée de leurs pouvoirs, les conditions du vote à l'assemblée générale ;

4° (Même texte.)

5° Le montant des cotisations des membres soit honoraires, soit participants, les modes de placement et de retrait des fonds;

6° (Même texte).

7° (Id.)

8° Le mode de conservation des documents intéressant la Société ;

9° Les statuts des Sociétés qui promettent des pensions de retraite à quotités fixes ou qui font l'assurance en cas de vie, de décès ou d'accident, devront prévoir des recettes proportionnelles aux dépenses pour chacun de ces services.

Cette prescription n'est pas obligatoire pour les Sociétés qui ne prennent aucun des engagements précités.

10° Les Sociétés de Secours Mutuels ne pourront créer de dépenses nouvelles, baisser le taux des cotisations ni augmenter le taux des indemnités, immobiliser ni aliéner au fond de retraite aucune somme tant qu'elles n'auront pas un fonds de réserve absolument disponible égal au moins à deux années de cotisations.

ART. 6. — (§ 1er, 2e et 3e même texte.)

ART. 5. — P. L. — § 8. La représentation aux assemblées étant mauvaise, on ne doit pas l'encourager; on ne peut l'interdire parce que dans certaines Sociétés (voyageurs de commerce, employés de chemins de fer) elle est presque indispensable.

Le § 5 du P. L. et la deuxième partie du § 8 (devenue § 9 dans le P. A. et dans le C. P.) constituent la spécialisation des cotisations. Au Congrès pas un seul délégué n'a soutenu cette innovation contraire à l'esprit, aux traditions des Sociétés de Secours Mutuels et aux nécessités simples et démocratiques de leur administration, ainsi que la brochure le démontre. Bien que depuis beaucoup d'années les utopistes la conseillent, presque toutes les Sociétés (1), presque tous les Mutualistes pratiques la repoussent. Pourquoi imposer cette innovation qui les bouleverserait à des Sociétés qui s'administrent autrement, économiquement et admirablement depuis 50 ans? Tout au plus se comprendrait-elle pour les Mutualités promettant une retraite fixe ou — C. P. — faisant l'assurance. Toutefois — P. A. — on ne voit pas très bien la nécessité de l'imposer même dans ce dernier cas.

Le § 10 du C. P. propose une autre innovation qui ne serait acceptable qu'en diminuant de moitié l'importance du fonds de réserve qu'elle exige. Il paraît préférable — P. A. — de ne pas imposer cette entrave nouvelle aux Sociétés, et elle est d'autant moins nécessaire qu'aucune des modifications qui la motivent ne peut s'opérer sans être examinée et approuvée par l'autorité administrative.

(1) Il n'y a que quelques exceptions qui se rencontrent surtout parmi les Sociétés d'employés qui comptent beaucoup de comptables.

seing privé et seront affranchis de tous droits de timbre et d'enregistrement; ils seront déposés au siège social.

Les contestations sur la validité des opérations électorales sont portées, dans le délai de quinze jours, à dater de l'élection, devant le juge de paix du siège de la Société. Elles sont introduites par simple déclaration au greffe.

Le juge de paix statue, dans les quinze jours de cette déclaration, sans frais ni forme de procédure et sur simple avertissement donné trois jours à l'avance à toutes les parties intéressées.

La décision du juge de paix est en dernier ressort, mais elle peut être déférée à la Cour de cassation. Le pourvoi n'est recevable que s'il est formé dans les dix jours de la notification de la décision. Il est formé par simple requête déposée au greffe de la justice de paix, et dénoncée aux défendeurs dans les dix jours qui suivent. Il est dispensé du ministère d'un avocat à la Cour et jugé d'urgence sans frais ni amende.

Les pièces et mémoires fournis par les parties sont transmis sans frais par le greffier de la justice de paix au greffier de la cour de cassation. La chambre civile de cette cour statue directement sur le pourvoi.

Tous les actes sont dispensés du timbre et enregistrés gratis.

ART. 7. — Dans les trois premiers mois de chaque année, les Sociétés de Secours Mutuels doivent adresser, par l'intermédiaire des préfets, au Ministre de l'Intérieur, et dans des formes qui seront déterminées par lui, la statistique de leur effectif, du nombre et de la nature des cas de maladie de leurs membres.

Art. 7. — (Id. avec la suppression du mot *nature*).

Adresser... la statistique de leur effectif et du nombre des cas de maladie de leurs sociétaires.

La décision du juge de paix est en dernier ressort, mais elle peut être déférée à la cour de cassation. Le pourvoi n'est recevable que s'il est formé dans les dix jours de la notification de la décision. Il est formé par simple requête déposée au greffe de la justice de paix et dénoncé aux défendeurs dans les dix jours qui suivent sur la demande de la partie intéressée ; un avocat d'office sera désigné pour soutenir la cause.

Les pièces et mémoires fournis par les parties sont transmis sans frais par le greffier de la justice de paix au greffier de la cour de cassation. La Chambre civile de cette cour statue directement sur le pourvoi.

Tous les actes sont dispensés du timbre et enregistrés gratis.

ART. 7. — Dans les trois premiers mois de chaque année, les Sociétés de Secours Mutuels doivent adresser, par l'intermédiaire des préfets, au Ministre de l'Intérieur, et dans les formes qui seront déterminées par lui : 1o la statistique de leur effectif, du nombre et de la nature des cas de maladie de leurs membres. La statistique des maladies sera dressée et signée par les médecins des Sociétés, et ne devra comporter aucun nom. Les médecins l'adresseront au secrétaire de la mairie.

2o Le compte-rendu de leur situation morale et financière.

Elles sont tenues de communiquer leurs livres, registres, procès-verbaux et pièces comptables de toute nature aux préfets, sous-préfets ou à leurs délégués. Cette communication a lieu sans déplacement, sauf le cas où il en serait autrement ordonné par arrêté du préfet.

ART. 6. — § 4. C. P. — L'intervention forcée d'un avocat ne paraît pas indispensable.

ART. 7. — Supprimer l'indication de la nature des maladies, source de dépenses et de conflits avec les médecins; pourquoi mettre les Mutualistes hors du droit commun et exiger la révélation de leurs maladies ?

Dans les villages et pour les petites Sociétés le palliatif du Congrès serait insuffisant (1).

La 2e partie du C. P. se trouve plus loin, art. 20 P. L. et P. A.

(1) Au Congrés, pas une seule voix n'a demandé le maintien de l'art. 7; la suppression complète de l'indication de la nature des maladies n'a été repoussée, après deux épreuves douteuses, qu'à une voix de majorité, et ce, grâce au palliatif qui amende le projet législatif.

ART. 8. — Il peut être établi entre les Sociétés de Secours Mutuels, en conservant d'ailleurs à chacune d'elles son autonomie, des unions ayant pour objet notamment :

(*a*) L'organisation en faveur des membres participants des soins et secours énumérés dans l'article premier, notamment la création de pharmacies, dans les conditions déterminées par les lois spéciales sur la matière ;

(*b*) L'admission des membres participants qui ont changé de résidence ;

(*c*) Le règlement de leurs pensions viagères de retraites ;

(*d*) L'organisation d'assurances mutuelles pour les risques divers auxquels les Sociétés se sont engagées à pourvoir, et notamment la création de caisses de retraites et d'assurances, communes à plusieurs Sociétés pour les opérations à long terme, et les maladies de longue durée ;

(*e*) Le service des placements gratuit.

ART. 9. — Les Sociétés de Secours sont admises à contracter, près la Caisse des dépôts et consignations, des assurances, soit en cas de décès, soit en cas d'accidents, en se conformant aux prescriptions des articles 7 et 15 de la loi du 11 juillet 1868.

Ces assurances peuvent se cumuler avec les assurances individuelles.

ART. 10. — Si une Société est détournée de son but de Société de Secours Mutuels, et si trois mois après un avertissement donné par

ART. 8. — (Id. avec les additions du contre-
projet).

ART. 9. — (Id.)

ART. 10. — Si une Société est détournée de
son but de Société de Secours Mutuels, et que
les sociétaires y aient consenti, la dissolution

Les infractions aux prescriptions du présent article seront punies par application de l'article 10.

ART. 8. — Il peut être établi entre les Sociétés de Secours Mutuels, en conservant d'ailleurs à chacune d'elles son autonomie, des unions ayant pour objet notamment :

a) L'organisation en faveur des membres participants des soins et secours énumérés dans l'article 1er ; le service médical et pharmaceutique et tout ce qui a trait à ce double service, notamment la création de pharmacies et dispensaires mutualistes, dans les conditions déterminées par les lois spéciales sur la matière ;

(§ *b*), *c*), *d*), *e*) comme au projet législatif, auquel on ajoute :)

f) L'étude et la défense des intérêts communs des Sociétés.

Les Unions profiteront des mêmes droits et seront soumises aux mêmes obligations que les Sociétés.

Les Sociétés particulières qui auront des sections conformément à l'article 1er, jouiront des mêmes droits.

ART. 9. — (Même texte.)

ART. 10. — (Même texte.)

Art. 8. — Le C. P. se borne à compléter le P. L.

Art. 10. — Il serait injuste de dissoudre une Société pour la faute de quelques-uns de ses membres, faute qu'elle n'aurait pas connue, arrêté du préfet du département, cette Société persiste à ne pas se conformer aux prescriptions de la présente loi, ou aux dispositions de ses statuts, la dissolution pourra en être prononcée par le tribunal civil de l'arrondissement.

En cas de fausse déclaration faite de mauvaise foi, ou de toutes autres manœuvres, tendant à dissimuler, sous le nom de Sociétés de Secours Mutuels, des associations ayant un autre objet, les administrateurs seront en outre passibles d'une amende de 16 à 500 francs.

Art. 11. — La dissolution volontaire d'une Société de Secours Mutuels ne peut être prononcée que dans une assemblée convoquée à cet effet par un avis indiquant l'objet de la réunion, et à la condition de réunir à la fois une majorité des deux tiers des membres présents et la majorité des membres inscrits.

En cas de dissolution par les tribunaux, le

pourra être prononcée par le tribunal civil de l'arrondissement.

(§ 2, même texte).

Les administrateurs qui, trois mois après un avertissement donné par le préfet du département, persisteraient à ne pas se conformer aux prescriptions de la présente loi ou aux dispositions des statuts pourront, si leurs observations ne sont admises, être suspendus pour un mois ou cassés de leurs fonctions par un arrêté préfectoral, susceptible d'un pourvoi gratuit devant le Conseil d'Etat. Si l'arrêté n'est pas contesté ou est maintenu, les sociétaires seront convoqués dans le délai d'un mois pour procéder à une élection.

En cas de récidive, les administrateurs pourront être punis d'une amende de 16 à 100 francs prononcée à charge d'appel par le tribunal correctionnel.

ART. 11. — (Id.)

Art. 11. — (Même texte.)

ou à laquelle elle ne se serait pas associée.

En cas d'infraction aux dispositions de la loi ou des statuts, qui sera le plus souvent une faute de négligence et quelquefois de négligence involontaire, un premier avertissement suivi au besoin de suspension ou de revendication suffira le plus souvent, et une légère pénalité en cas de récidive.

Il ne faut pas oublier qu'il s'agit de fonctions gratuites, et on peut même se demander si ces pénalités nouvelles, très légitimes quand la Mutualité est détournée de son but, sont vraiment nécessaires.

Si les pénalités du P. L. devaient être maintenues avec la spécialisation et les calculs compliqués qu'elle exige, la loi sera inéxécutée ou odieuse et son premier effet sera de faire démissionner les Mutualistes les plus convaincus et les plus zélés.

jugement désigne un administrateur chargé de procéder à la liquidation définitive.

Aucun encaissement de cotisations autres que celles échues au jour de la liquidation ne peut plus être effectué.

Communication sera faite à l'administrateur, des livres, registres, procès-verbaux et pièces de toute nature ; la communication aura lieu sans déplacement, sauf le cas où le Tribunal en aurait ordonné autrement.

La liquidation s'opérera conformément aux statuts ; elle sera homologuée sans frais par le Tribunal, à la diligence du Procureur de la République.

ART. 12. — Les secours, pensions, contrats d'assurance, livrets, et généralement toutes sommes et tous titres à remettre par les Sociétés de Secours Mutuels à leurs membres participants, sont incessibles et insaisissables jusqu'à concurrence de 360 francs par an pour les rentes et 3,000 francs pour les capitaux assurés.

ART. 13. — Les Sociétés de Secours Mutuels ayant satisfait aux prescriptions des articles précédents ont le droit d'ester en justice, tant en demandant qu'en défendant, par le président ou par le délégué ayant mandat spécial à cet effet et peuvent obtenir l'assistance judiciaire aux conditions imposées par la loi du 22 janvier 1851.

Art. 12. — (Id.)

Art. 13. — Les Sociétés de Secours Mutuels ayant satisfait aux prescriptions des articles précédents ont le droit d'ester en justice, tant en demandant qu'en défendant, par le président ou par le délégué ayant mandat spécial à cet effet, et peuvent obtenir quand elles sont demanderesses, l'assistance judiciaire aux conditions imposées par la loi du 22 janvier 1851.

L'assistance judiciaire leur sera accordée de plein droit et sans recours quand elles seront défenderesses.

Elles ont la personnalité civile, peuvent recevoir et employer les sommes provenant des cotisations des membres honoraires et

TITRE III

DES DROITS DES SOCIÉTÉS DE SECOURS MUTUELS.

ART. 12. — (Même texte.)

ART. 13. — Les Sociétés de Secours Mutuels ayant satisfait aux prescriptions des articles précédents ont le droit d'ester en justice, tant en demandant qu'en défendant, par le président ou par le délégué ayant mandat spécial à cet effet et auront d'office droit à l'assistance judiciaire.

Elles peuvent recevoir et employer les sommes provenant des cotisations des membres honoraires et participants et généralement faire des actes de simple administration; elle peuvent posséder des objets mobiliers et des immeubles.

Elles peuvent, avec l'autorisation du préfet, recevoir des dons et legs mobiliers. Toutefois,

ART. 13. — Si on accorde toujours l'assistance judiciaire aux Mutualités comme le demandent le C. P., elles pourront en abuser, et si on ne la leur accorde pas quand elles sont défenderesses, comme le propose le P. A. (1), on pourra abuser de procès contre elle.

La propriété des immeubles est généralement très dangereuse pour les Sociétés de Secours Mutuels, mais la liberté veut qu'on l'autorise et elle peut être quelquefois utile soit comme placement avantageux, soit pour attirer ou conserver certaines libéralités.

(1) Cette solution mixte a été adop'ée, après une étude très complète et un débat spécial, par le 4ᵉ Congrès national (Congrès de Bordeaux).

Elles peuvent recevoir et employer les sommes provenant des cotisations des membres honoraires et participants, et généralement faire des actes de simple administration ; elles peuvent posséder des objets mobiliers, prendre des immeubles à bail, pour l'installation de leurs divers services.

Elles peuvent, avec l'autorisation du préfet, recevoir des dons et legs mobiliers. Toutefois, si la libéralité est faite à une Société dont la circonscription comprend des communes situées dans des départements différents, il est statué par décret. S'il y a réclamation des héritiers du testateur, il est statué par un décret du Président de la République, le Conseil d'Etat entendu.

Lorsque l'emploi des dons et legs n'est pas déterminé par le donateur ou testateur, cet emploi sera prescrit par l'arrêté ou le décret d'autorisation, en exécution de l'article 4 de l'ordonnance du 2 avril 1817.

ART. 14. — Les Sociétés de Secours Mutuels se divisent en trois catégories :

1° Les Sociétés libres ;
2° Les Sociétés approuvées ;
3° Les Sociétés reconnues comme établissements d'utilité publique.

TITRE II

DES SOCIÉTÉS LIBRES

ART. 15. — Les Sociétés libres ne peuvent recevoir des dons et legs immobiliers ni participants, des subventions, dons et legs, concerts et fêtes organisés par elles, en un mot, de toutes les ressources dont leurs statuts leur permettent de disposer.

Elles peuvent faire tous les actes de simple administration, posséder des meubles et des immeubles, recevoir avec l'autorisation du Préfet des dons et legs mobiliers n'excédant pas 5,000 francs et par décret, après avis conforme du Conseil d'Etat, les dons et legs mobiliers dont l'importance dépasse 5,000 francs et les dons et legs immobiliers.

Un décret, rendu sur l'avis conforme du Conseil d'Etat, sera nécessaire toutes les fois que la Société s'étendra dans des communes de plusieurs départements ou qu'il y aura réclamation des héritiers.

Les dons et legs devront être employés conformément à la volonté du donateur ou testateur, et s'il ne l'a pas exprimée, l'emploi en sera fait par les Sociétés d'une manière conforme à leurs statuts.

Elles emploieront de même des lots qui pourraient leur échoir dans les tirages d'obligations (1).

ART. 14. — (Texte du projet législatif).

TITRE II

DES SOCIÉTÉS LIBRES

ART. 15. — Les Sociétés libres auront, sous le contrôle de l'Etat, toute liberté pour placer

(1) J'aurais dû placer ici les art. 18 et 19 du P. L. Je ne l'ai pas fait pour me rapprocher davantage du texte du projet législatif.

si la libéralité est faite à une Société dont la circonscription comprend des communes situées dans des départements différents, il est statué par décret. S'il y a réclamation des héritiers du testateur, il est statué par un décret du Président de la République, le Conseil d'Etat entendu.

Lorsque l'emploi des dons et legs n'est pas déterminé par le donateur ou testateur, cet emploi sera prescrit par l'arrêté ou le décret d'autorisation, en exécution de l'article 4 de l'ordonnance du 2 avril 1817.

Lorsque l'emploi des dons et legs n'est pas déterminé par le donateur ou testateur, cet emploi sera fait par les Sociétés conformément à leurs Statuts.

Elles emploient de même les lots qui pourraient leur échoir dans les tirages d'obligations.

Le P. A. insère dans cet article un certain nombre de dispositions qu'il paraît possible d'adopter en faveur de toutes les Sociétés. Si on les refusait en totalité ou en partie aux Sociétés autorisées, il y aurait lieu tout au moins de les voter en faveur des Sociétés approuvées en amendant l'art. 17 du P. L.

L'avant dernier paragraphe du P. A. a pour but de respecter la volonté des donateurs ou testateurs, ce qui augmentera leurs libéralités, ou la liberté des Sociétés ce qui facilitera leur administration.

Interdire aux Sociétés de conserver les immeubles empêcherait qu'on leur en donne et qu'on leur en lègue.

Art. 14. — Il me paraît impossible d'unifier les Sociétés : 1° Parce qu'on diminuerait la liberté des Sociétés autorisées et les avantages des Sociétés approuvées ; 2° Parce qu'on ne peut pas demander à l'État d'accorder les mêmes avantages à ceux qui ne lui donnent ni la même confiance ni les mêmes garanties ; 3° Parce qu'il faut tenir compte de ce qui existe depuis un demi-siècle et des situations de fait très inégales qui en résultent.

Art. 15. — On doit étendre le plus possible les droits des Sociétés même autorisées, on acquérir des immeubles, sous quelque forme que ce soit, à peine de nullité, sauf l'immeuble exclusivement affecté à leurs services. La nullité sera prononcée en justice, soit sur la demande des parties intéressées, soit d'office sur les réquisitions du ministère public.

TITRE III

DES SOCIÉTÉS APPROUVÉES

ART. 16. — Les Sociétés de Secours Mutuels qui auront fait approuver leurs statuts par décret jouiront, dans les limites déterminées ci-après, de la personnalité civile et des avantages concédés par les articles suivants.

L'approbation ne peut être refusée que dans les deux cas suivants :

1º Pour non-conformité des statuts avec les dispositions de la loi ;

2º Si les statuts ne prévoient pas des recettes proportionnelles aux dépenses, soit pour les secours en cas de maladie, soit pour la constitution des retraites ou des assurances en cas de vie, de décès ou d'accidents, soit pour les autres dépenses énumérées à l'article premier.

et administrer leurs fonds. Elles pourront les placer à la Caisse nationale de retraites dans les mêmes conditions que les Sociétés approuvées ou reconnues, et avec la même indisponibilité.

C'est seulement dans ce cas et pour ces fonds spécialement affectés aux retraites qu'elles participeront aux subventions ou majorations d'intérêts et de capitalisation accordées aux Sociétés approuvées ou reconnues.

Pour tout le reste elles jouiront des mêmes avantages et seront soumises aux mêmes obligations que ces Sociétés (1).

TITRE III

DES SOCIÉTÉS APPROUVÉES

ART. 16. — Les Sociétés de Secours Mutuels qui auront fait approuver leurs statuts par décret, jouiront, dans les limites déterminées ci-après, non seulement de la personnalité civile, mais aussi des avantages concédés par les articles suivants :

L'approbation ne peut être refusée que :

1o Pour non conformité des statuts avec la présente loi ;

2o Si les statuts promettent des avantages excessifs eu égard à l'ensemble ordinaire des recettes et des dépenses.

(1) C'est pour me rapprocher des votes du Congrès que j'ai autant assimilé aux autres les Sociét·s autorisées, c'est peut-être un peu excessif.

pourrait même les assimiler aux Sociétés approuvées, sauf pour les capitaux dont elles gardent la disposition et dont elles se réservent l'emploi.

Art. 16. — P. L. — Le § 4 (spécialisation des cotisations) est à supprimer pour les mêmes motifs que le § 8 de l'art. 5.

Ce serait le bouleversement, la désorganisation de la Mutualité. Est-ce qu'on peut prévoir d'avance les années d'épidémie? La Mutualité, œuvre de dévouement autant que de prévoyance n'est pas du tout la même chose que l'assurance : la première représente l'intérêt général, et la deuxième, l'égoïsme et l'intérêt particulier. La diversité de leur personnel et des conditions dans lesquelles elles sont nécessairement placées rend facile et nécessaire pour les assurances ce qui serait funeste et presque irréalisable pour les Sociétés de Secours Mutuels.

(Voir la brochure et tout ce qui a été écrit plus haut).

L'approbation ou le refus d'approbation doit avoir lieu dans le délai de trois mois. Le refus d'approbation doit être motivé par une infraction aux lois et notamment aux dispositions du paragraphe 4 du présent article.

En cas de refus d'approbation, un recours peut être formé devant le Conseil d'Etat. Ce recours sera dispensé des droits de timbre et d'enregistrement ; il pourra être formé sans ministère d'avocat.

Tout changement dans les statuts d'une Société approuvée doit être l'objet d'une nouvelle demande d'approbation et aucune modification statutaire ne peut être mise à exécution si elle n'a pas été préalablement approuvée.

Il sera procédé pour les changements dans les statuts comme en matière de statuts primitifs, pour tout ce qui concerne les dépôts, les délais et les recours.

Art. 17. — Les Sociétés de Secours Mutuels pourront, sous réserve de l'autorisation du Conseil d'Etat, recevoir des dons et legs immobiliers.

Les immeubles compris dans un acte de donation, ou dans une disposition testamentaire que les Sociétés n'auront pas été autorisées à conserver, seront aliénés dans les délais et la forme prescrits par le décret qui en autorise l'acceptation ; le délai pourra, en cas de nécessité, être prorogé.

Art. 18. — Les communes sont tenues de fournir aux Sociétés approuvées qui le demandent les locaux nécessaires à leurs réunions, ainsi que les livrets et registres nécessaires à l'administration et à la comptabilité. En cas d'insuffisance des ressources des

L'approbation ou le refus d'approbation doit avoir lieu dans le délai de 3 mois. Le refus d'approbation doit être motivé par une infraction aux lois ou parce que les statuts contiennent des engagements inexécutables.

En cas de refus d'approbation un recours peut être formé devant le Conseil d'Etat. Ce recours sera dispensé des droits de timbre et d'enregistrement, il pourra être formé sans ministère d'avocat.

ART. 17 (1).

Tout changement dans les statuts d'une Société approuvée doit être l'objet d'une nouvelle demande d'approbation et aucune modification statuaire ne peut être mise à exécution si elle n'a pas été préalablement approuvée.

Il sera procédé pour les changements dans les statuts comme en matière de statuts primitifs, pour tout ce qui concerne les dépôts, les délais et les recours.

ART. 18. — Même texte que le texte législatif avec l'addition du contre-projet : livrets de comptabilité conformes aux modèles adoptés par le Ministère de l'Intérieur.

(1) L'art. 17 ayant été intercalé dans l'art. 13, on place ici la fin de l'art. 16 pour ne pas modifier l'ordre des articles.

NOTA. — *A partir de l'art. 14, les articles du C. P. ne concordent plus avec le P. L.*

ART. 14 (1).—Les Sociétés de Secours Mutuels, pourront, sous réserve de l'autorisation du Conseil d'Etat, recevoir des dons et legs immobiliers.

ART. 15 (1).— Les communes sont tenues de fournir aux Sociétés qui le demandent les locaux nécessaires à leurs réunions, ainsi que les livrets et registres nécessaires à l'administration et la comptabilité conformes aux modèles adoptés par le Ministère de l'Intérieur.

(1) Ces articles correspondent aux art. 17 et 18 du P. L. et P. A.

Art. 17. — P. L. — Cet article et l'art. 14
C. P. qui s'y rapporte, correspondent à l'art. 13
P. A. Voir les observations sur cet art. 13 P. A.

communes, cette dépense est mise à la charge des départements. Dans le cas où la Société s'étend sur plusieurs communes ou sur plusieurs départements, cette obligation incombe d'abord à la commune dans laquelle est établi le siège social, ensuite au département auquel appartient cette commune.

Dans les villes où il existe une taxe municipale sur les convois, il est accordé aux Sociétés approuvées remise des deux tiers des droits sur les convois, dont elles peuvent avoir à supporter les frais, aux termes de leurs statuts.

ART. 19. — Tous les actes intéressant les Sociétés approuvées, ainsi que les quittances trimestrielles données par les titulaires de pensions de 100 francs et au-dessous, sont exempts des droits de timbre et d'enregistrement,

Cette disposition n'est pas applicable aux transmissions de propriété, d'usufruit ou de jouissance de biens, meubles et immeubles, soit entre vifs, soit par décès.

Conformément aux articles 19 de la loi du 11 juillet 1868 et 24 de la loi du 20 juillet 1886, les certificats, actes de notoriété et autres pièces exclusivement relatives à l'exécution des lois précitées et de la présente loi, seront délivrés gratuitement et exempts des droits de timbre et d'enregistrement.

ART. 20. — Les placements des Sociétés de Secours Mutuels approuvées doivent être effectués en dépôt aux caisses d'épargne, à la Caisse des dépôts et consignations, en rentes

Art. 19 (1). — (Même texte, en l'étendant aux pensions de 360 francs).

Y ajouter : les fêtes données par les Sociétés de Secours Mutuels sont exonérées du droit des pauvres.

Art. 20.— Même texte que le texte législatif avec l'addition au 1er § des mots : « en prêts hypothécaires et en immeubles ».

(1) Rien ne s'oppose à ce que les avantages résultant des art. 18 et 19 P. L. soient accordés aux Sociétés autorisées. C'est pour suivre de plus près l'ordre du projet législatif que ces deux articles n'ont pas été insérés à la suite des dispositions communes à toutes les Sociétés.

En cas d'insuffisance des ressources des communes, cette dépense est mise à la charge des départements. Dans le cas où la Société s'étend sur plusieurs communes ou sur plusieurs départements, cette obligation incombe d'abord à la commune dans laquelle est établi le siège social, ensuite au département auquel appartient cette commune.

Dans les villes où il existe une taxe municipale sur les convois, il est accordé aux Sociétés remise des deux tiers des droits sur les convois, dont elles peuvent avoir à supporter les frais aux termes de leurs statuts.

Art. 16 (1). — (Semblable à l'art. 19, sauf la suppression du mot *approuvées* après Sociétés, et l'addition du paragraphe suivant) :

Les Sociétés de Secours Mutuels ne seront pas soumises au droit des pauvres pour toutes fêtes organisées par elles à leur profit ou pour tout autre objet de mutualité rentrant dans la définition de l'article premier de la présente loi.

<h1 style="text-align:center">TITRE IV</h1>

PLACEMENT DES FONDS DES SOCIÉTÉS DE SECOURS MUTUELS

Art. 17 (1). — Les placements des Sociétés de Secours Mutuels doivent être effectués en dépôt aux caisses d'épargne, à la Caisse des dépôts et consignations, en rentes sur l'Etat,

(1) Ces articles correspondent aux art. 19 et 20 du P. L. et du P. A.

Art. 19. — P. L. — On devrait étendre aux pensions de 360 francs l'exemption du § 1er et exonérer du droit des pauvres nos fêtes données pour diminuer le nombre des pauvres et pour les secourir.

sur l'Etat, bons du Trésor ou autres valeurs créées ou garanties par l'Etat, en obligations des départements et des communes, du Crédit foncier de France et des compagnies françaises de chemins de fer qui ont une garantie d'intérêts de l'Etat.

Les titres et valeurs au porteur appartenant aux Sociétés de Secours Mutuels approuvées resteront déposés à la Caisse des dépôts et consignations, qui sera chargée de l'encaissement des arrérages, coupons et primes de remboursement de ces titres, et en portera le montant au compte de dépôt de chaque Société.

Les Sociétés de Secours Mutuels et les unions prévues à l'article 9 peuvent être autorisées, par décret rendu en conseil d'Etat, à acquérir les immeubles nécessaires, soit à leurs services d'administration, soit à leurs services d'hospitalisation.

ART. 21. — Les Sociétés de Secours Mutuels approuvées sont admises à verser des capitaux à la Caisse des dépôts et consignations :

1° En compte courant disponible ;

2° En un compte affecté pour toute la durée de la Société à la formation et à l'accroissement d'un fond commun inaliénable.

Le fonds commun existant au jour de la promulgation de la loi ne peut être supprimé.

Pour l'avenir, les statuts de chaque Société déterminent si elle entend user de cette faculté de constituer un fonds commun et dans quelles conditions ; ils règlent les moyens de l'alimenter, qu'il s'agisse d'un fonds commun conservé ou d'un fonds commun à créer. Ils décident notamment si la Société devra verser à ce fonds en totalité ou en partie les subventions de l'Etat, les dons et legs, les cotisations

Ce 3e § est à supprimer comme inutile si on accepte les modifications proposées précédemment aux art. 13 et 16.

Art. 21. — Les Sociétés de Secours Mutuels approuvées, sont admises à verser des capitaux à la Caisse des dépôts et consignations :

1o En compte-courant disponible ;

2o En un compte à la Caisse nationale des retraites, affecté pour toute la durée de la Société à la formation et à l'accroissement d'un fonds commun inaliénable ; les Sociétés autorisées pourront constituer ce dernier compte dans les mêmes conditions.

Le fonds commun existant au jour de la promulgation de la loi, ne peut être supprimé.

Pour l'avenir, les statuts de chaque Société détermineront si elle entend user de cette faculté de constituer un fonds commun et dans quelles conditions.

La Caisse nationale des retraites capitalise les pensions de retraite des Sociétés de Secours bons du Trésor ou autres valeurs créées ou garanties par l'Etat, en obligations des départements et des communes, du Crédit foncier de France et des Compagnies françaises de chemins de fer qui ont une garantie d'intérêt de l'Etat en prêts hypothécaires et en immeubles.

Les titres et valeurs au porteur appartenant aux Sociétés de Secours Mutuels resteront déposés à la Caisse des dépôts et consignations, qui sera chargée de l'encaissement des arrérages, coupons et primes de remboursement de ces titres, et en portera le montant au compte de dépôt de chaque Société.

Art. 18 (1). — Les Sociétés de Secours Mutuels sont admises à verser des capitaux à la Caisse des dépôts et consignations :

1º En compte courant disponible ;

2º En un compte affecté pour toute la durée de la Société à la formation et à l'accroissement d'un fonds commun inaliénable.

Le fonds commun existant au jour de la promulgation de la loi ne peut être supprimé.

Pour l'avenir, les Statuts de chaque Société détermine si elle entend user de cette faculté de constituer un fonds commun et dans quelles conditions.

La Caisse nationale des retraites capitalise les pensions de retraite des Sociétés de Secours Mutuels au taux de 5 0/0 quand elles ne sont pas supérieures à 360 francs et au taux ordinaire en cours chaque année quand elles dépassent ce chiffre.

(1) Cet article correspond à l'art. 21 du P. L. et P. A.

Art. 21. — P. L. — § 5. L'obligation de prévoir l'avenir dans les statuts est inexécutable ; le bon sens veut qu'on agisse suivant les circonstances, ainsi que cela s'est toujours pratiqué. On placera plus l'année d'un gros don que l'année d'une grosse épidémie.

§ 6. En abaissant l'intérêt et le taux de capitalisation des capitaux que les Sociétés de Secours Mutuels lui ont obligatoirement confiés à des conditions longtemps onéreuses pour ces Sociétés, l'État commettrait pour le passé, vis-à-vis des travailleurs prévoyants, une iniquité d'autant plus choquante, qu'il a respecté, lors des conversions, tous les droits des porteurs de rente ; et pour l'avenir, il les découragerait.

La justice et la prévoyance s'accordent à demander la transformation de l'art. 21, ainsi que l'a réclamé un vote unanime du Congrès, qui, pour l'obtenir, va jusqu'à proposer l'abandon des subventions, du produit de la vente des diamants de la couronne et des dépôts dés membres honoraires et les autres ressources disponibles.

Le compte courant et le fonds commun portent intérêts à un taux égal à celui de la caisse nationale des retraites pour la vieillesse.

Les intérêts qui ne reçoivent pas d'emploi au cours de l'année, sont capitalisés tous les ans.

La Caisse des dépôts et consignations aura la faculté de faire emploi des fonds versés aux comptes ci-dessus désignés, dans les mêmes conditions que pour les fonds des caisses d'épargne.

Le fonds commun existant, comprenant, au jour de la promulgation de la loi, les capitaux formant avoir disponible des sociétés et les fonds de retraites non employés, sera transformé en obligations de la Caisse des dépôts et consignations, lesquelles porteront un intérêt égal à l'intérêt moyen actuel des valeurs constituant le portefeuille de la caisse. Ces obligations appartiendront à chaque société, en proportion de sa part dans l'actif total.

ART. 22. — Les pensions de retraite peuvent être constituées, soit sur le fonds commun, soit sur le livret individuel qui appartient en toute propriété à son titulaire, à capital aliéné ou réservé.

ART. 23. — Les pensions de retraite sur le fonds commun sont constituées à capital réservé au profit de la Société. Elles sont servies directement par la Société à l'aide des intérêts de ce fonds, ou par l'intermédiaire de la Caisse nationale des retraites.

Pour bénéficier des pensions servies à l'aide du fonds commun, et dont la quotité est fixée par les statuts, les membres participants doivent

Mutuels au taux de 5 % quand elles ne sont pas supérieures à 360 fr. et au taux moyen de l'émission, quand elles dépassent ce chiffre.

Le taux d'intérêt des fonds libres des Sociétés de Secours Mutuels approuvées est de 5 %, soit que leurs fonds soient disponibles à la Caisse nationale des retraites, soit qu'ils soient déposés à la Caisse des dépôts et consignations comme fonds de réserve.

Le taux de 5 % est également assuré aux fonds libres ou capitalisés des Sociétés autorisées, à la Caisse nationale des retraites.

Les intérêts qui ne reçoivent pas d'emploi en cours de l'année, sont capitalisés tous les ans.

La Caisse des dépôts et consignations aura la faculté de faire emploi des fonds versés aux comptes ci-dessus désignés, dans les mêmes conditions que pour les fonds des caisses d'épargne.

Art. 22.— Même texte que le texte législatif.

Art. 23. — Les pensions de retraite sur le fonds commun sont constituées à capital réservé au profit de la Société. Elles sont servies directement par la Société à l'aide de ce fonds et par l'intermédiaire de la Caisse des retraites.

Dans le cas où la pension est servie par la Caisse nationale des retraites, les arrérages courus depuis le jour du décè et non réclamés

Ce taux d'intérêt des fonds libres des Sociétés de Secours Mutuels est de 5 0/0, soit que leurs fonds soient disponibles à la caisse de retraite, soit qu'ils soient déposés à la caisse des dépôts et consignations comme fonds de réserve.

Les intérêts qui ne reçoivent pas d'emploi au cours de l'année, sont capitalisés tous les ans.

La Caisse des dépôts et consignations aura la faculté de faire emploi des fonds versés aux comptes ci-dessus désignés, dans les mêmes conditions que pour les fonds des caisses d'épargne.

ART. 19.—(Même texte que l'art. 22 du P. L.)

ART 20 (1).—Les pensions de retraite sur le fonds commun sont constituées à capital réservé au profit de la Société. Elles sont servies directement par la Société à l'aide des intérêts de ce fonds ou par l'intermédiaire de la caisse nationale des retraites.

Dans les cas où la pension sera servie par la caisse nationale des retraites pour la vieil-

(1) Correspond à l'art. 23 P. L. et P. A.

abandonnés aux caisses d'épargne, ce qui
paraît plus que suffisant. Au besoin on augmenterait les subventions et l'État y gagnerait
encore ; il vaut mieux donner une bonification
d'intérêts à ceux qui économisent que de les
avoir à sa charge parce qu'ils n'ont pas économisé.

Étrange le dernier paragraphe du P. L.

Les rares Mutualités qui organisent leurs
retraites par livret individuel conserveront
leurs capitaux ; on en dépossède les autres.
Non seulement on cesse d'observer les conditions de leurs dépôts obligatoires, on ne leur
donne pas au lieu d'argent du 3 0 0 au cours
de chaque dépôt, mais un papier nouveau,
sans garantie, sans indiquer quel intérêt il
produira et si cet intérêt sera réductible. Enfin
ce papier sera créé à un taux moyen, supérieur
pour les Sociétés nouvelles, inférieur pour les
dépôts anciens, et pour les anciennes Sociétés
au cours de l'argent ou pour des dépôts.

L'art. 21 P. A. modifie l'art. 18 C. P. en permettant aux Sociétés libres de constituer des
pensions de retraite aux mêmes conditions et,
par voie de conséquence, avec les mêmes avantages que les Sociétés approuvées.

Art. 23 P. L. et P. A., 20 C. P.

Les § 2 et 3 P. A. et C. P. font cesser une
injustice flagrante. L'État ne doit pas profiter
de ses propres lenteurs, comme il le fait actuellement, en s'attribuant les intérêts du jour du
décès du retraité jusqu'au jour de la réintégration du capital constitutif de la pension. Les
Sociétés ne doivent pas non plus perdre indéfiniment les intérêts de leurs capitaux, si un
retraité meurt sans qu'elles le sachent.

être âgés de cinquante ans, avoir acquitté la cotisation sociale pendant quinze ans au moins, et remplir les conditions statutaires fixées pour l'obtention de la pension.

Les Sociétés qui constituent des pensions sur le fonds commun, sont tenues de produire tous les cinq ans au moins, au Ministre de l'Intérieur, la situation de leurs engagements éventuels ou liquides, et des ressources correspondantes, en se conformant aux modèles qui leur sont fournis par l'administration compétente. Elles devront modifier, s'il y a lieu, leurs statuts, d'après les résultats de ces inventaires au moins quinquennaux.

Art. 24. — Les pensions de retraite constituées par le livret individuel à l'aide de la Caisse nationale des retraites ou d'une caisse autonome, sont formées, en conformité des statuts, au moyen de versements effectués par la Société, au compte de chacun de ses membres participants.

Ces versements proviennent :

1º De la cotisation spéciale qu'il a lui-même acquittée en vue de la retraite, ou de la portion de la cotisation unique prélevée en vue de ce service ;

2º De tout ou partie des arrérages annuels du fonds commun inaliénable, s'il en existe un ;

3º Des autres ressources dont les statuts autorisent l'emploi en capital au profit des livrets individuels.

Les versements effectués par la Société sur le livret individuel le sont à capital aliéné ou à capital réservé, au profit de la Société;

par les héritiers seront joints au capital de la rente, lors de sa réintégration au compte de la Société.

Le capital constitutif de la retraite fera retour de droit à la Société lorsque le titulaire sera resté 5 ans de suite sans réclamer ses arrérages.

Pour bénéficier des pensions servies à l'aide du fonds commun et dont la quotité est fixée, soit par les statuts, soit par l'Assemblée générale, les membres participants doivent au moins être âgés de 55 ans, avoir acquitté la cotisation sociale pendant 15 ans et remplir les conditions statutaires fixées pour l'obtention de la pension.

Les intérêts font retour à la Société à compter du jour du décès du sociétaire.

Art. 24. — (Même texte que le texte législatif).

lesse, les arrérages courus et non réclamés par le titulaire ou ses héritiers, seront joints au capital de la rente, lors de sa réintégration.

Le capital constitutif de la retraite fera retour de droit à la Société lorsque le titulaire sera reté cinq années de suite sans réclamer ses arrérages.

Pour bénéficier des pensions servies à l'aide du fonds commun, et dont la quotité est fixée par les Statuts, les membres participants doivent être âgés de cinquante-cinq ans, avoir acquitté la cotisation sociale pendant quinze ans au moins, et remplir les conditions statutaires fixées pour l'obtention de la pension.

Les intérêts font retour à la Société à compter du décès du sociétaire.

ART. 21. — (Même texte que l'art. 24).

Pourquoi vouloir que les statuts déterminent la quotité de la pension ? Qui peut connaître l'avenir ? Cette quotité s'élève avec la prospérité de la Société, laissez donc les sociétaires faire leurs affaires sans se lier les mains d'avance, traitez-les en hommes et non pas en enfants.

Dernier paragraphe du P. L. — Le Congrès a voté à une grande majorité la suppression des inventaires quinquennaux, complication onéreuse, illusoire et inutile.

suivant que les statuts en auront décidé.

Quant aux versements qui proviennent des cotisations du membre participant, ils peuvent être, au choix de ce membre, faits à capital aliéné ou à capital réservé au profit de ses ayants-droit.

ART. 25. — Les Sociétés qui ne prennent pas l'engagement de servir des pensions de retraite garanties et dont la quotité est fixée d'avance par les statuts, peuvent se contenter de distribuer des allocations non pas viagères, mais annuelles, dont le montant doit être fixé tous les ans par l'assemblée générale, d'après les ressources de la Société et les besoins des pensionnaires. Les titulaires sont désignés par elle, parmi les membres âgés de plus de cinquante ans et ayant acquitté la cotisation sociale au moins pendant quinze ans.

Les statuts déterminent les autres conditions que doivent remplir les bénéficiaires.

Le service de ces allocations annuelles s'effectue à l'aide des arrérages du fonds commun inaliénable ou des autres ressources disponibles.

Une indemnité pécuniaire, fixée également chaque année en assemblée générale et prélevée sur les fonds de réserve, peut être allouée aux membres participants devenus infirmes ou incurables avant l'âge fixé par les statuts pour être admissible à la pension viagère de retraite.

ART. 26. — A partir de la promulgation de la présente loi, les arrérages des dotations et les subventions annuellement inscrites au budget du Ministère de l'Intérieur au profit des Sociétés de Secours Mutuels, seront employés à accorder à ces Sociétés des alloca-

Art. 25. — (Id.)

Art. 26. — A partir de la promulgation de la présente loi, les arrérages des dotations, les fonds attribués aux Sociétés de Secours Mutuels sur le produit de la vente des diamants de la couronne, et sur les dépôts abandonnés des caisses d'épargne, et les subventions

ART. 22. — (Même texte que l'art. 25.)

ART. 23 (1). — A partir de la promulgation de la présente loi, les arrérages des dotations, les fonds attribués aux Sociétés de Secours Mutuels sur le produit de la vente des diamants de la couronne, et sur les dépôts abandonnés des caisses d'épargne, et les subventions annuelles inscrites au budget de l'Intérieur au profit des Sociétés de Secours Mutuels et de

(1) Cet article correspond à l'art. 26 du P. L. et P. A.

L'art. 25 du P. L., sauf le dernier paragraphe, me paraît plus nuisible qu'utile, et marque une grande défiance. Toutefois on peut le conserver pour les cas imprévus et les Sociétés mal administrées.

Art. 26. P. L., P. A. (23 C. P.) — Mêmes observations que sur l'art. 21.

Sans la fixité de taux, on ne peut asseoir de calculs, de probabilités sérieux. L'État, comme le disait l'exposé des motifs du projet de loi du 18 mars 1882, a le *devoir de venir en aide à ceux qui s'aident eux-mêmes*, surtout quand il s'agit de constituer, pour l'avenir, comme pour le présent, des pensions alimentaires pour les travailleurs.

tions: 1° pour encourager la formation des pensions de retraite à l'aide du fonds commun ou du livret individuel; 2° à bonifier les pensions liquidées à partir du 1er janvier 1895, et dont le montant, y compris la subvention de l'Etat, ne sera pas supérieur à 360 fr.

Pour chacune de ces affectations la répartition du crédit aura lieu dans les proportions et suivant les barêmes arrêtés par le Ministre de l'Intérieur, après avis du Conseil supérieur.

Il sera préalablement à toute répartition, opéré, chaque année, sur les dotations et subventions, un prélèvement déterminé par le Conseil supérieur, qui ne pourra dépasser 5 p. 100 de l'actif total, pour venir en aide aux Sociétés de Secours Mutuels qui, par suite d'épidémies ou de toute autre cause de force majeure, seraient momentanément hors d'état de remplir leurs engagements.

Les subventions de l'Etat, en vue de la retraite, par livret individuel, profiteront aux étrangers, lorsque leur pays d'origine aura garanti, par un traité, des avantages équivalents à nos nationaux.

Les pensions allouées sur le fonds commun ne pourront être servies aux étrangers que dans le cas où ils résideront en territoire français.

Art. 27. — Un règlement d'administration publique détermine les conditions et les garanties à exiger pour l'organisation des caisses autonomes que les Sociétés pourront constituer, soit pour servir des pensions de retraite, soit pour réaliser l'assurance en cas de vie, de décès ou d'accidents.

Les fonds versés dans ces caisses devront être employés en rentes sur l'Etat, en valeurs annuelles inscrites au budget de l'Intérieur au profit des Sociétés de Secours Mutuels et de retraite, lesquelles seront augmentées chaque année s'il était nécessaire, seront employés à parfaire : 1o la capitalisation à 5 0/0 de leurs pensions de retraite, lorsqu'elles ne dépasseront pas 360 francs ; 2o l'intérêt à 5 0/0 de leurs fonds libres, soit qu'ils soient déposés disponibles à la Caisse des retraites, soit qu'ils soient déposés à la Caisse des dépôts et consignations comme fonds de réserve.

Le surplus, s'il en existe, sera réparti entre les Sociétés de Secours Mutuels pour encourager la création de leurs pensions et pour élever le chiffre de celles qui n'atteindraient pas 360 francs.

(Les quatre derniers paragraphes, même texte).

Art. 27. — (Même texte que le texte législatif).

retraite, lesquelles seront augmentées chaque année s'il était nécessaire, seront employés à parfaire : 1° la capitalisation à 5 0/0 de leurs pensions de retraite, lorsqu'elles ne dépasseront pas 360 francs ; 2° l'intérêt à 5 0/0 de leurs fonds libres, soit qu'ils soient déposés disponibles à la Caisse des retraites, soit qu'ils soient déposés à la Caisse des dépôts et consignations comme fonds de réserve.

Le surplus, s'il en existe, sera réparti entre les Sociétés de Secours Mutuels pour encourager la création de leurs pensions et pour élever le chiffre de celles qui n'atteindraient pas 360 francs.

Il sera préalablement à toute répartition, opéré tous les cinq ans, sur les dotations et subventions, un prélèvement déterminé par le Conseil supérieur, qui ne pourra dépasser 5 p. % de l'actif total, pour venir en aide aux Sociétés de Secours Mutuels qui, par suite d'épidémie ou de toute autre cause de force majeure, seraient momentanément hors d'état de remplir leurs engagements.

Les pensions allouées sur le fonds commun ne pourront être servies aux étrangers que dans le cas où ils résideront en territoire français.

TITRE V

DES SOCIÉTÉS DE PRÉVOYANCE MUTUELLE

Art. 24.—(Même texte que l'art. 27 du P. L.)

Art. 27. (24 du C. P.) — On pourrait placer ici les dispositions spéciales aux Sociétés de retraite.

du Trésor ou garanties par le Trésor, en obligations départementales ou communales; les titres seront nominatifs.

La gestion de ces comptes sera soumise à la vérification de l'inspection des finances et au contrôle du receveur particulier de l'arrondissement du siège de la caisse.

ART. 23. — Les Sociétés de Secours Mutuels qui accordent à leurs membres des indemnités supérieures à 5 francs par jour, des allocations annuelles ou des pensions supérieures à 360 francs et des capitaux en cas de vie ou de décès supérieurs à 3,000 francs ne participent pas aux subventions de l'Etat et ne bénéficient pas des avantages accordés par la présente loi sous forme de remise de droits d'enregistrement et de frais de justice.

ART. 29. — Dans les trois premiers mois de chaque année, les Sociétés de Secours Mutuels approuvées doivent adresser au Ministre de l'Intérieur, par l'intermédiaire des préfets, et dans les formes prescrites, indépendamment de la statistique exigée par l'article 8, le compte rendu de leur situation morale et financière.

Elles sont tenues de communiquer leurs livres, registres, procès-verbaux et pièces comptables de toute nature aux préfets, sous-préfets ou à leurs délégués. Cette communication a lieu sans déplacement, sauf le cas où il en serait autrement ordonné par arrêté du préfet.

Les infractions aux prescriptions du présent article seront punies par application de l'article 10 qui précède.

ART. 30. — Dans le cas d'inexécution des

Art. 28. — (Id.)

Art. 29 — (Id.)

Art. 30. — (Id.)

Art. 25. — (Même texte que l'art. 28 du P. L.)

TITRE VI

CONSEILS DÉPARTEMENTAUX
ET CONSEIL SUPÉRIEUR DE LA MUTUALITÉ

Art. 26. — Il sera institué dans chaque département un Conseil départemental des Sociétés de Secours Mutuels. Ce Conseil est composé de 15 membres élus au scrutin de liste, pour trois ans, par les Sociétés de Secours Mutuels du département, chacune d'elles possédant une voix par cent membres ou fraction de cent membres, et sans que ce chiffre puisse excéder 5 par 1,000 et 1 par 1,000 au dessus. Le renouvellement se fait par tiers, tous les ans, avec faculté de rééligibilité. Les fonctions sont gratuites.

Ce Conseil nomme son Bureau : il se réunit tous les mois en séance ordinaire, au chef-lieu, dans le Palais de la Mutualité fourni et meublé par le département. Le Préfet ou son représentant assiste aux réunions du Conseil, avec voix consultative. Il fait les convocations pour les élections et les réunions ordinaires et extraordinaires.

Les Conseils départementaux des Sociétés de Secours Mutuels étudient sur place toutes les questions intéressant la Mutualité, font les enquêtes, les statistiques, ils communiquent toutes leurs délibérations, études et travaux, au Conseil supérieur, qui, de son côté, leur fait parvenir tous les documents établis par lui, concernant la Mutualité.

Cet art. 26 du C. P. a été produit soudainement, alors qu'on manquait de temps et que l'attention était surtout fixée sur des points plus importants et étudiés depuis longtemps. Il a été adopté rapidement sans avoir été combattu.

A la réflexion, je lui trouve plus d'inconvénients que d'avantages.

Si les Mutualistes d'un département s'entendent, ils formeront les Unions que la loi autorise; s'ils ne s'entendent pas, l'élection du conseil départemental avivera leurs divisions, y ajoutera d'irritantes questions personnelles et donnera lieu à l'introduction de la politique, que la Mutualité doit éviter à tout prix.

On sera fort exposé à ce que ces conseils départementaux soient élus soit pour faire plaisir, soit pour faire échec au préfet; qu'ils deviennent des instruments électoraux, etc.

Vouloir leur faire élire les membres de la Commission supérieure, c'est oublier que nous sommes dans le pays du suffrage universel.

statuts ou de violation des dispositions de la présente loi, l'approbation peut être retirée par un décret rendu en Conseil d'Etat, sur la proposition motivée du Ministre de l'Intérieur et après avis du Conseil supérieur des Sociétés de Secours Mutuels, lequel sera convoqué dans le plus bref délai.

La décision portant retrait d'approbation sera susceptible d'un recours au contentieux devant le Conseil d'Etat sans ministère d'avocat, avec dispense des droits de timbre et d'enregistrement.

ART. 31. — Lorsque la dissolution d'une Société approuvée est votée par l'assemblée générale conformément aux statuts, ordonnée par le Tribunal ou prononcée par décret, la liquidation est poursuivie sous la surveillance du préfet ou de son délégué.

Il est prélevé sur l'actif social, y compris le fonds commun inaliénable de retraite déposé à la Caisse des dépôts et consignations :

1º Le montant des engagements contractés vis-à-vis des tiers ;

2º Les sommes nécessaires pour remplir les engagements contractés vis-à-vis des membres participants, notamment en ce qui concerne les pensions viagères et les assurances en cas de décès, de vie ou d'accident ;

3º a) Une somme égale au montant des subventions et secours accordés depuis l'origine de la Société par l'Etat, à titre inaliénable, sur les fonds de la dotation ou autres, pour être, ladite somme, versée au compte de la dotation des Sociétés de Secours Mutuels ;

b) Des sommes égales au montant des subventions et secours accordés depuis l'origine de la Société par les départements et les

Art. 31. — (Id.)

communes, à titre inaliénable, pour être, lesdites sommes, réintégrées dans leurs caisses ;

c) Des sommes égales au montant des dons et legs faits, à titre inaliénable, pour être employées conformément aux volontés des donateurs et testateurs, s'ils ont prévu le cas de liquidation, ou, si leur volonté n'a pas été exprimée, pour être ajoutées au compte de dotation des Sociétés de Secours Mutuels.

Si, après le payement des engagements contractés vis-à-vis des tiers et des sociétaires, il ne reste pas de fonds suffisants pour le plein des prélèvements prévus au paragraphe 3° ci-dessus, ces prélèvements auront lieu au marc le franc des versements faits respectivement par l'État, les départements, les communes, les particuliers.

Le surplus de l'actif social sera, s'il y a lieu, réparti entre les membres participants appartenant à la Société au jour de la dissolution et non pourvus d'une pension ou indemnité annuelle, au prorata des versements opérés par chacun d'eux depuis leur entrée dans la Société, sans qu'ils puissent recevoir une somme supérieure à leur contribution personnelle. Le reliquat sera attribué au fonds de dotation.

TITRE IV

DES SOCIÉTÉS RECONNUES COMME ÉTABLISSEMENTS D'UTILITÉ PUBLIQUE

ART. 32. — Les Sociétés de Secours Mutuels et les Unions sont reconnues comme établisse-

TITRE IV

DES SOCIÉTÉS RECONNUES COMME ÉTABLISSEMENTS D'UTILITÉ PUBLIQUE

ART. 32. — (Id.)

ments d'utilité publique par décret rendu dans la forme des règlements d'administration publique.

La demande est adressée au préfet avec les pièces suivantes : la liste nominative des personnes qui y ont adhéré, et trois exemplaires des projets de statuts et du règlement intérieur.

ART. 33. — Les Sociétés reconnues comme établissements d'utilité publique, jouissent des avantages accordés aux Sociétés approuvées. Elles peuvent en outre posséder et acquérir, vendre et échanger des immeubles, dans les conditions déterminées par le décret déclarant l'utilité publique.

Elles sont soumises aux obligations de l'article 11 qui précède.

TITRE V

CONSEIL SUPÉRIEUR. — RAPPORTS ANNUELS
TABLES STATISTIQUES

ART. 34. — Il est institué, près le Ministère de l'Intérieur, un Conseil supérieur des Sociétés de Secours Mutuels. Ce Conseil est composé de trente membres, savoir :

Deux Sénateurs élus par leurs collègues ;

Deux Députés élus par leurs collègues ;

Deux Conseillers d'Etat élus par leurs collègues ;

Un délégué du Ministre de l'Intérieur ;

Un délégué du Ministre de l'Agriculture ;

Un délégué du Ministre du Commerce ;

Un membre de l'Académie des Sciences morales et politiques, désigné par l'Académie.

Art. 33. — (Id. moins la fin du § 1er qui devient inutile si on étend ces avantages aux autres Sociétés).

TITRE V

CONSEIL SUPÉRIEUR. — RAPPORTS ANNUELS
TABLES STATISTIQUES

Art. 34. — Il est institué, près le Ministère de l'Intérieur, un Conseil supérieur des Sociétés de Secours Mutuels. Ce Conseil est composé de cinquante-deux membres, savoir :

Cinq sénateurs élus par leurs collègues ;

Cinq députés élus par leurs collègues ;

Deux Conseillers d'Etat élus par leurs collègues ;

Un délégué du Ministre de l'Intérieur ;

Un délégué du Ministre de l'Agriculture ;

Un délégué du Ministre du Commerce ;

Deux membres de l'Académie des sciences morales et politiques, désignés par l'Académie ;

Le Ministre de l'Intérieur aura le droit, après avis du Conseil supérieur, de dissoudre un Conseil départemental dans les cas où il exercerait une action ou se livrerait à une propagande contraire à la présente loi.

Dans ce cas, le Préfet convoquera les électeurs dans un délai de trois mois, pour la constitution d'un nouveau Conseil.

Les membres des Conseils départementaux, réunis en collèges électoraux, comprenant chacun un certain nombre de départements, nommeront au scrutin uninominal les représentants de la Mutualité au Conseil supérieur.

ART. 27 (1). — Il est institué, près le Ministère de l'Intérieur, un Conseil supérieur des Sociétés de Secours Mutuels. Ce Conseil est composé de cinquante-deux membres, savoir :

Cinq sénateurs élus par leurs collègues ;

Cinq députés élus par leurs collègues ;

Deux Conseillers d'Etat élus par leurs collègues ;

Un délégué du Ministre de l'Intérieur ;

Un délégué du Ministre de l'Agriculture ;

Un délégué du Ministre du Commerce ;

Deux membres de l'Académie des sciences morales et politiques, désignés par l'Académie ;

Deux membres du Conseil supérieur du travail, nommés par leurs collègues ;

Deux membres agrégés de l'Institut des actuaires français, désignés par le Ministre de l'Intérieur ;

Le Directeur général de la Comptabilité au Ministère des Finances ;

Le directeur du mouvement général des fonds au même ministère.

____

(1) Cet article correspond à l'art. 34 du P. L.

Art. 34 P. L. et P. A., 27 C. P. — Pour que le Conseil supérieur de la Mutualité soit utile, il faut que les hommes d'expérience, c'est-à-dire les Présidents de Sociétés élus par leurs collègues, forment au moins la moitié de ce Conseil.

Il est à désirer qu'il élise son président : 1º pour être plus indépendant ; 2º pour éviter qu'il ressente le contre-coup des crises ministérielles.

L'élection des Présidents Mutualistes doit se faire par le suffrage direct des Sociétés et non par un vote à deux degrés comme le demande le système nouveau proposé pendant le Congrès par un des délégués et qu'on a adopté sans le discuter et sans avoir le temps de l'étudier.

Enfin l'équité demande qu'il soit tenu compte pour le vote de l'importance numérique des Sociétés.

Si la loi admettait les Sociétés de retraite qui presque toutes comptent un très grand nombre d'adhérents, il faudrait un barème spécial pour elles.

Un membre du Conseil supérieur du travail nommé par ses collègues ;

Deux membres agrégés de l'Institut des Actuaires français désignés par le Ministre de l'Intérieur ;

Le Directeur général de la comptabilité au Ministère des finances ;

Le Directeur du mouvement général des fonds au même Ministère ;

Le Directeur général de la Caisse des dépôts et consignations ;

Deux membres de l'Académie de médecine désignés par l'Académie ;

Douze représentants des Sociétés de Secours Mutuels, dont deux appartenant aux Sociétés libres, élus par les délégués des Sociétés dans des formes qui seront déterminées par un règlement d'administration publique.

Chaque représentant des Sociétés approuvées sera élu par collège comprenant un certain nombre de départements.

Cette division sera faite par le règlement d'administration publique à intervenir, de telle sorte que chaque collège comprenne un nombre à peu près égal de mutualistes.

Tous les membres sont nommés pour quatre ans ; leurs pouvoirs sont renouvelables, leurs fonctions sont gratuites.

Le Ministre de l'Intérieur est président de droit du Conseil supérieur des Sociétés de Secours Mutuels.

Le Conseil choisit parmi ses membres ses deux vice-présidents et son secrétaire. Il est convoqué par le Ministre de l'Intérieur au moins uns fois tous les six mois.

Il reçoit communication des états statistiques

Deux membres du Conseil supérieur du travail, nommés par leurs collègues ;

Deux membres agrégés de l'Institut des actuaires français, désignés par le Ministre de l'Intérieur ;

Le Directeur général de la Comptabilité au Ministère des Finances ;

Le Directeur du mouvement général des fonds au même ministère ;

Le Directeur général de la Caisse des dépôts et consignations ;

Deux Membres de l'Académie de Médecine désignés par l'Académie ;

Vingt-six représentants des Sociétés de Secours Mutuels, dont un certain nombre de Membres des Sociétés libres, élus par les délégués des Sociétés dans une proportion et dans des formes qui seront déterminées par un règlement d'administration publique.

Chaque représentant des Sociétés sera élu par collège comprenant un certain nombre de départements.

Cette division sera faite par le règlement d'administration publique à intervenir, de telle sorte que chaque collège comprenne un nombre à peu près égal de mutualistes.

Tous les membres sont nommés pour quatre ans ; leurs pouvoirs sont renouvelables, leurs fonctions sont gratuites.

Le Conseil choisit parmi ses membres son président, ses deux vice-présidents et son secrétaire. Il est convoqué par le Ministre de l'Intérieur au moins une fois tous les six mois.

Il reçoit communication des états statistiques

Le Directeur général de la Caisse des dépôts et consignations;

Deux membres de l'Académie de Médecine désignés par l'Académie;

Vingt-six représentants des Sociétés de Secours Mutuels;

Chaque représentant des Sociétés sera élu par un collège régional composé des membres des Conseils d'un certain nombre de départements.

Les collèges électoraux seront déterminés par le règlement d'administration publique à intervenir, de telle sorte que chaque collège comprenne un nombre à peu près égal de mutualistes.

Tous les membres sont nommés pour quatre ans; leurs pouvoirs sont renouvelables, leurs fonctions sont gratuites.

Le Ministre de l'Intérieur est président de droit du Conseil supérieur des Sociétés de Secours Mutuels.

Le Conseil choisit parmi ses membres ses deux vice-présidents et son secrétaire. Il est convoqué par le Ministre de l'Intérieur au moins une fois tous les six mois.

Il reçoit communication par les comités départementaux, des états statistiques et des comptes-rendus de la situation financière des Sociétés de Secours Mutuels, et des autres documents fournis par les Sociétés de Secours Mutuels, en exécution des articles 6, 23 et 25 ci-dessus.

Il donne son avis sur toutes les dispositions règlementaires ou autres qui concernent le fonctionnement des Sociétés de Secours Mutuels, et notamment sur le mode de répartition des subventions et secours.

et des comptes-rendus de la situation financière fournis par les Sociétés de Secours Mutuels, ainsi que des inventaires au moins quinquennaux et des autres documents fournis par les Sociétés de Secours Mutuels, en exécution des articles, 6, 23 et 25 ci-dessus.

Il donne son avis sur toutes les dispositions réglementaires ou autres qui concernent le fonctionnement des Sociétés de Secours Mutuels et notamment sur le mode de répartition des subventions et secours.

Art. 35. — Le Ministre de l'Intérieur soumet chaque année au Président de la République, un rapport qui est présenté au Sénat et à la Chambre des députés, sur les opérations des Sociétés de Secours Mutuels et sur les travaux du Conseil supérieur.

Art. 36. — Dans un délai de deux ans après la promulgation de la présente loi, les Ministres de l'Intérieur et du Commerce feront établir des tables de mortalité et de morbidité applicables aux Sociétés de Secours Mutuels.

TITRE VI

DISPOSITION TRANSITOIRE

Art. 37. — Les Sociétés de Secours Mutuels antérieurement autorisées ou approuvées, sont tenues, dans le délai de deux ans, de se conformer aux prescriptions de la présente loi. Jusqu'à l'expiration de ce délai, elles continueront à s'administrer conformément à leurs statuts.

Celles qui ne solliciteront pas ce délai, ou

et des comptes-rendus de la situation financière des Sociétés de Secours Mutuels, et des autres documents fournis par les Sociétés de Secours Mutuels, en exécution des articles 6, 23 et 25 ci-dessus.

Il donne son avis sur toutes les dispositions règlementaires ou autres qui concernent le fonctionnement des Sociétés de Secours Mutuels, et notamment sur le mode de répartition des subventions et secours.

Art. 35. — (Même texte que le projet législatif).

Art. 36. — (Id.)

TITRE VI

DISPOSITION TRANSITOIRE

Art. 37. — Les Sociétés de Secours Mutuels ayant l'existence légale au moment de la promulgation de la loi auront le droit de conserver leurs statuts et leur mode d'administration.

ART. 28 (1). — Le Ministre de l'Intérieur soumet chaque année au Président, un rapport qui est présenté au Sénat et à la Chambre des députés, sur les opérations des Sociétés de Secours Mutuels et sur les travaux du Conseil supérieur.

ART. 29 (1). — Dans un délai de deux ans après la promulgation de la présente loi, les Ministres de l'Intérieur et du Commerce feront établir des tables de mortalité et de morbidité applicables aux Sociétés de Secours Mutuels.

ART. 30 (1). — Les Sociétés de Secours Mutuels sont tenues, dans le délai de deux ans, de se conformer aux prescriptions de la présente loi. Jusqu'à l'expiration de ce délai, elles continueront à s'administrer conformément à leurs statuts.

Néanmoins, les Sociétés de Secours Mutuels ayant l'existence légale avant la promulgation de la loi, auront le droit de conserver leurs statuts et leur administration.

ART. 31. — Des mentions honorables, médailles d'honneur et autres distinctions honorifiques pourront être attribuées par le Ministre de l'Intérieur, aux Membres honoraires et participants des Sociétés, sur la proposition des Conseils départementaux, après avis du Conseil supérieur.

Le décret du 27 mars 1858 relatif au port des médailles ci-dessus, est et demeure rapporté.

ART. 32. — L'enseignement de la Prévoyance et de la Mutualité fera partie du programme d'éducation des enfants dans les écoles primaires, collèges et lycées.

(1) Ces articles correspondent aux art. 35, 36 et 37 du P. L. et du P. A.

Art. 37 P. L. et P. A. — 30 C. P. —
Il serait contraire aux droits acquis et au bon
sens de ne pas autoriser les Sociétés légalement existantes, à conserver leurs statuts et
leur administration votés par les sociétaires,
approuvés par l'autorité, sanctionnés par l'expérience et le succès, et cela pour suivre des
règles que l'utopie préconise, mais qui n'existent pas encore, puisque l'art. 36 donne deux
ans pour les faire et que, d'après l'article 37,
c'est dans ce même espace de deux ans qu'elles
devraient être appliquées.

Art. 38 P. A. — 31 du C. P. — On ne voit
pas pourquoi on interdit aux membres des
Sociétés de Secours Mutuels de porter les
distinctions que le gouvernement leur décerne.

Art. 39 P. A. — 32 du C. P. — On ne saurait
trop tôt faire connaître, aimer et pratiquer la
Prévoyance.

n'obtiendront pas l'approbation de leurs statuts, devront placer leur fonds commun en valeurs nominatives, conformément à l'article 20 ci-dessus, et déposer leurs titres à la Caisse des dépôts et consignations. L'inexécution de ces dispositions entraînera l'application des articles 10 et 30 de la présente loi.

FIN DU TEXTE LÉGISLATIF

TITRE VII

DISPOSITIONS ADDITIONNELLES

ART. 38. — (Même texte que l'article 31 du contre-projet).

ART. 39. — (Même texte que l'article 32 du contre-projet).

FIN DU PROJET AMENDÉ

Des encouragements seront donnés aux instituteurs qui prêteront leur concours à la création et à l'administration des Sociétés scolaires mutuelles.

TITRE VII

DISSOLUTION. — LIQUIDATION

ART. 33 (1). — Lorsque la dissolution d'une Société est votée par l'Assemblée générale conformément aux statuts, ordonnée par le Tribunal, la liquidation est poursuivie sous la surveillance du Préfet ou de son délégué.

Il est prélevé sur l'actif social, y compris le fonds commun inaliénable de retraite déposé à la Caisse des dépôts et consignations :

1° Le montant des engagements contractés vis à vis des tiers ;

2° Les sommes nécessaires pour remplir les engagements contractés vis à vis les membres participants ayant au moins 15 ans de sociétariat, notamment en ce qui concerne les pensions viagères et les assurances en cas de décès, de vie ou d'accident ;

(Pour le reste de l'article, même texte que l'art. 31 du texte législatif.

(1) Cet article correspond à l'art. 31 du P. L. et du P. A.

FIN DU CONTRE-PROJET

EPILOGUE

L'auteur ne sait que trop combien est défectueux ce travail, tour à tour retardé par l'attente du Contre-Projet du Congrès et précipité par la mise à l'ordre du jour du Projet législatif.

Il réclame donc l'indulgence de ses lecteurs et les prie de vouloir bien lui adresser leurs observations et leurs critiques.

Il espère surtout que son étude facilitera celle du Parlement et le déterminera à transformer le projet de loi que l'on présente aux Mutualistes comme un cadeau et qu'ils repoussent comme un fléau.

H: VERMONT.

Rouen, 23 Décembre 1895.